# FILOSOFIA PARA DORMIR
TEXTOS FILOSÓFICOS CURTOS PARA LER ANTES DE DEITAR
E PEGAR NO SONO SEM CULPA

Editora Appris Ltda.
1.ª Edição - Copyright© 2020 dos autores
Direitos de Edição Reservados à Editora Appris Ltda.

Nenhuma parte desta obra poderá ser utilizada indevidamente, sem estar de acordo com a Lei n° 9.610/98. Se incorreções forem encontradas, serão de exclusiva responsabilidade de seus organizadores. Foi realizado o Depósito Legal na Fundação Biblioteca Nacional, de acordo com as Leis nos 10.994, de 14/12/2004, e 12.192, de 14/01/2010.

Catalogação na Fonte
Elaborado por: Josefina A. S. Guedes
Bibliotecária CRB 9/870

| | |
|---|---|
| S741f<br>2020 | Specht, Ismael<br>    Filosofia para dormir: textos filosóficos curtos para ler antes de deitar e pegar no sono sem culpa / Ismael Specht. - 1. ed. – Curitiba: Appris, 2020.<br>    207 p. ; 23 cm. – (Artêra).<br><br>    Inclui bibliografias<br>    ISBN 978-65-5523-044-4<br><br>    1. Filosofia - Miscelânea. I. Título. II. Série.<br><br>                                                            CDD – 102 |

Editora e Livraria Appris Ltda.
Av. Manoel Ribas, 2265 – Mercês
Curitiba/PR – CEP: 80810-002
Tel. (41) 3156 - 4731
www.editoraappris.com.br

Printed in Brazil
Impresso no Brasil

Ismael Specht

# FILOSOFIA PARA DORMIR
### TEXTOS FILOSÓFICOS CURTOS PARA LER ANTES DE DEITAR E PEGAR NO SONO SEM CULPA

## FICHA TÉCNICA

**EDITORIAL**
Augusto V. de A. Coelho
Marli Caetano
Sara C. de Andrade Coelho

**COMITÊ EDITORIAL**
Andréa Barbosa Gouveia (UFPR)
Jacques de Lima Ferreira (UP)
Marilda Aparecida Behrens (PUCPR)
Ana El Achkar (UNIVERSO/RJ)
Conrado Moreira Mendes (PUC-MG)
Eliete Correia dos Santos (UEPB)
Fabiano Santos (UERJ/IESP)
Francinete Fernandes de Sousa (UEPB)
Francisco Carlos Duarte (PUCPR)
Francisco de Assis (Fiam-Faam, SP, Brasil)
Juliana Reichert Assunção Tonelli (UEL)
Maria Aparecida Barbosa (USP)
Maria Helena Zamora (PUC-Rio)
Maria Margarida de Andrade (Umack)
Roque Ismael da Costa Güllich (UFFS)
Toni Reis (UFPR)
Valdomiro de Oliveira (UFPR)
Valério Brusamolin (IFPR)

**ASSESSORIA EDITORIAL**
Monalisa Morais Gobetti

**REVISÃO**
Natalia Lotz Mendes

**PRODUÇÃO EDITORIAL**
Jhonny Alves dos Reis

**DIAGRAMAÇÃO**
Daniela Baumguertner

**CAPA**
Lucielli Mahira Trevizan

**COMUNICAÇÃO**
Carlos Eduardo Pereira
Débora Nazário
Kananda Ferreira
Karla Pipolo Olegário

**LIVRARIAS E EVENTOS**
Estevão Misael

**GERÊNCIA DE FINANÇAS**
Selma Maria Fernandes do Valle

**COORDENADORA COMERCIAL**
Silvana Vicente

# SUMÁRIO

INTRODUÇÃO ...........................................................................................9

## 1
## CONTANDO CARNEIRINHOS........................................................ 15

1.1 Aristóteles ........................................................................................16

1.2 Aristóteles ........................................................................................18

1.3 Immanuel Kant................................................................................20

1.4 Oráculo de Delfos na Grécia.........................................................21

1.5 Giovanni Pico Della Mirandola....................................................23

1.6 Sócrates, Jesus e Maomé ...............................................................25

1.7 Enheduana ........................................................................................27

1.8 Hipátia ..............................................................................................28

1.9 Sócrates .............................................................................................30

1.10 Marco Aurélio ...............................................................................32

1.11 René Descartes...............................................................................34

1.12 Pensamento Estoico .....................................................................35

1.13 Bertrand Russell ...........................................................................37

1.14 Diderot............................................................................................39

1.15 Voltaire...........................................................................................41

1.16 Kierkegaard....................................................................................43

1.17 Sartre...............................................................................................44

1.18 Albert Camus ................................................................................46

## 2
## PEGANDO NO SONO ASSISTINDO TELEVISÃO NO SOFÁ......... 49

2.1 Platão.................................................................................................55

2.2 Picasso...............................................................................................57

2.3 Andy Warhol....................................................................................59

2.4 Henri Matisse ..................................................................................61

2.5 Giordano Bruno..............................................................................63

2.6 Galileu Galilei..................................................................................65

2.7 Michelangelo....................................................................................66

2.8 Família Médici.................................................................................68

2.9 Pitágoras ...........................................................................................70

2.10 Lya Luft................................................................................72

2.11 Blaise Pascal........................................................................74

2.12 Oprah Winfrey....................................................................76

2.13 Mona Lisa............................................................................78

2.14 John Lennon........................................................................79

2.15 Júpiter Maçã........................................................................81

2.16 John Lydon..........................................................................83

2.17 The Neighbourhood..........................................................85

2.18 Pirro de Élis........................................................................87

# 3
## BARULHO DE CHUVA NO TELHADO................................89

3.1 Baruch Espinoza....................................................................93

3.2 Leonardo da Vinci.................................................................95

3.3 Elon Musk..............................................................................97

3.4 Albert Einstein......................................................................99

3.5 Stephen Hawking................................................................100

3.6 Auguste Comte....................................................................102

3.7 Jackson Pollock....................................................................104

3.8 Demócrito............................................................................106

3.9 Beethoven............................................................................107

3.10 Heráclito............................................................................109

3.11 Ray Dalio............................................................................111

3.12 Morris West........................................................................112

3.13 Sigmund Freud..................................................................114

3.14 Carl Jung............................................................................116

3.15 Mihaly Csikszentmihalyi..................................................118

3.16 Jordan Peterson.................................................................120

3.17 Hipócrates..........................................................................121

3.18 Aubrey de Grey..................................................................123

# 4
## FRIO GOSTOSO E COBERTAS QUENTINHAS.................127

4.1 Nietzsche..............................................................................132

4.2 Taylor Caldwell....................................................................134

4.3 Dostoiévski...........................................................................136

4.4 Yuval Noah Harrari..............................................................137

4.5 Shakespeare.........................................................................139

4.6 Francis Bacon, o Escritor.................................................................141

4.7 Francis Bacon, o Pintor...................................................................143

4.8 Jesus Cristo.......................................................................................145

4.9 Sidarta Gautama...............................................................................146

4.10 Malala Yousafzai.............................................................................148

4.11 Anne Frank......................................................................................150

4.12 Epicuro............................................................................................152

4.13 Maria, Mãe de Jesus.......................................................................153

4.14 Dalai Lama......................................................................................155

4.15 Eckhart Tolle...................................................................................157

4.16 João Batista.....................................................................................159

4.17 Madan Kataria.................................................................................161

4.18 Confúcio..........................................................................................162

# 5

**SONO PROFUNDO**.................................................................................165

5.1 Jeremy Bentham...............................................................................171

5.2 Emil Cioran.......................................................................................173

5.3 Sófocles.............................................................................................175

5.4 Schopenhauer....................................................................................177

5.5 John Locke.........................................................................................179

5.6 Hannah Arendt..................................................................................180

5.7 Raymond Smullyan...........................................................................182

5.8 Lord Byron........................................................................................184

5.9 Camila Naud......................................................................................186

5.10 Emanuel...........................................................................................188

5.11 Stephen Pressfield...........................................................................189

5.12 Robin Sharma..................................................................................191

5.13 Lúcia Helena Galvão.......................................................................193

5.14 Batman............................................................................................195

5.15 Ismael..............................................................................................197

5.16 Phil Knight......................................................................................199

5.17 Heidegger.........................................................................................201

5.18 Aristóteles........................................................................................203

**É HORA DE ACORDAR**.........................................................................205

# INTRODUÇÃO

Dormir bem é fundamental para uma vida feliz e filosofar é um exercício cognitivo recomendável para elaborar possibilidades que se aproximem do ideal de felicidade.

Muitos têm como hábito antes de ir deitar "relaxar" com programas de televisão, jogos virtuais, ou distrações no celular que nada mais fazem a não ser perturbar a vontade de dormir, poluir os pensamentos e prejudicar os sonhos que virão. E isso terá impacto em nosso comportamento desperto.

Por que, ao invés disso, em um dos momentos mais importantes do dia, não colocar para dentro da mente contemplações construtivas, que além de ajudar a ter um sono mais tranquilo, atuarão, ainda por cima, de forma subconsciente para que os nossos dias possam ser melhores? E não seria muito bom se, complementarmente, essas ideias estivessem indiretamente, de forma sutil e agradável, relacionadas com os grandes pensadores e ensinamentos da humanidade?

Pensando nessas questões, todo o material deste livro foi elaborado com o propósito de ser fácil e interessante de ler para aprendermos um pouquinho da filosofia de grandes pensadores da história. Você não terá que fazer um grande esforço para compreender filosofias complexas, pois os conceitos e teorias foram construídos de forma simplificada, às vezes indireta, e em alguns momentos lúdica. Entretanto estas ideias com certeza alicerçarão uma vida mais pensativa e criativa.

Este é um livro tanto para aqueles que se consideram entendedores como para os não praticantes da filosofia. Para os que não se consideram filósofos, este é um livro que irá a cada capítulo apresentar uma ideia principal de um pensador de um jeito sucinto e simples de compreender. Todavia há também surpresas para quem já voa pelo céu filosófico e que conhece provavelmente todos, ou a maioria dos conceitos que aqui serão apresentados, pois, além disso, a cada capítulo será proposto um desafio existencial a ser levado consigo para a noite de sono e para exercitar durante o próximo dia. Portanto existe uma estratégia muito gostosa de leitura. No entanto, como isso funcionará?

Como o título já sugere, este é um livro que foi pensado para ser lido antes de dormir, e, de preferência, para fazer o leitor sentir sono e adormecer com mais facilidade. Quantas não são as pessoas que se sentem frustradas sempre que tentam ler alguma coisa antes de ir para a cama, mas que acabam pegando no sono e fracassando neste objetivo? Com *Filosofia para dormir* você não precisará se sentir desapontado se acabar dormindo durante a leitura, afinal de contas, esse é o intuito. E não é só isso.

O grande plano por trás deste estudo é o de que, além de ter algo para ler antes de ir deitar, e que proporcione uma boa desculpa para sentir os olhos pesados, está também maquiada a intenção de jogar no seu subconsciente ideias e palavras agradáveis, para que logo antes de você repousar, após um dia longo de atividades, as últimas frases que você carregará para a sua jornada de recuperação física e intelectual sejam de aprimoramento do conhecimento e das emoções.

*Filosofia para dormir* foi concebido para que fosse lido de maneira estratégica a fim de tirar o máximo de proveito prático das teorias nele contidas. A proposta sugerida é a de que apenas um filósofo (um capítulo) seja lido logo antes de se recolher. Para isso o livro foi dividido em textos breves e prazerosos. Porém você também pode lê-lo da maneira que achar mais interessante e conveniente para si.

Cada capítulo aborda a ideia de um filósofo, empreendedor, cientista, pintor ou músico. Sendo assim, teremos o prazer de conhecer nomes famosos da filosofia, como Sócrates, Platão e Aristóteles, bem como os consagrados da pintura, como Picasso, Andy Warhol e Henry Matisse; e inclusive exemplos do meio empresarial que também levam uma vida filosófica mais voltada para resultados práticos e profissionais, como Ray Dalio, Elon Musk, Oprah Winfrey e Phil Knight; e muitos outros.

A bem da verdade é que qualquer pessoa com boas ideias poderá encabeçar nossa lista de pensadores a serem lidos ao longo de nossa jornada de crescimento intelectual e emocional, desde que tenha algo de construtivo para nos ensinar. Os conhecimentos abordados abrangerão desde os pensadores mais antigos até conceitos recentes e que nos desafiam na atualidade.

Ao final de cada texto será proposto um exercício reflexivo para ser pensado antes de cair no sono. Ao fazer isso, sua mente subconsciente estará repousando sobre um travesseiro intelectual inspirador e agradável. Com isso você garante que uma das "atividades" mais importantes de sua vida seja de fato regeneradora.

Depois de uma noite inteiramente bem dormida, ao acordar pela manhã, antes de sair da cama, o exercício sugerido será o de recordar o desafio proposto pelo capítulo lido na noite anterior, e que você poderá colocar em prática nesse novo dia que se apresenta. Agindo assim, você estará se preparando para viver cada dia com plenitude e intenção e você também estará colocando em ação o verdadeiro propósito da filosofia, que é viver de boas ideias.

É por isso que, apesar de ser um livro muito fácil de ser compreendido em termos teóricos, este também é um material para todos aqueles que se consideram filósofos por convicção, pois todos terão a chance de serem desafiados a colocar em ação a cada dia uma nova reflexão em sua rotina de vida.

Concomitante a tudo o que uma rápida leitura lhe proporcionará, você ainda poderá memorizar uma frase de impacto famosa de cada filósofo. Quem nunca viu em algum filme aquelas pessoas que sempre tinham uma citação impactante para dizer em momentos oportunos? Em cada texto você observará um aforismo proferido por aquele pensador realçado em negrito para você utilizar com seus amigos em um bate papo.

Ao final de cada capítulo, não apenas feche o livro e vá dormir, mas guarde o material e pense por alguns segundos a respeito do que leu e da frase para memorizar, e aí sim vá descansar. Você descobrirá o quanto essa prática ampliará sua força de aprendizado e vivências diárias. E ao acordar pela manhã, não saia simplesmente da cama sem primeiro dedicar alguns segundos para recordar o que leu na noite anterior e na frase poderosa que memorizou para poder relembrar ao longo do dia com o intuito de influenciar as suas ações.

Portanto a ordem, para facilitar a nossa compreensão, fica mais ou menos assim: ler apenas um tema; refletir; dormir bem; acordar rejuvenescido; pensar sobre o que leu; e viver plenamente.

Para reforçar ainda mais o que estiver descobrindo todas as noites, você pode também lançar mão da estratégia de todos os dias comentar com algum amigo ou colega de trabalho a respeito do que estudou e da frase que se propôs a memorizar. Com isso o potencial de aprendizagem e de aplicação prática da teoria se tornará ainda mais fortemente vivenciada.

Você perceberá que a cada texto muitos conceitos serão apenas pincelados levemente por cima, para não tornar a leitura cansativa, como acontecerá, por exemplo, quando falarmos do *Solipsismo* (que diz que na vida nós podemos apenas conhecer nossas próprias experiências particulares). Porém, quem sabe, você sinta curiosidade em pesquisar a respeito de alguns temas posteriormente com mais profundidade, e fazer isso certamente ajudará no seu aprimoramento pessoal.

Para que possamos tirar o máximo de proveito de nossa leitura sonolenta o estudo foi dividido em 5 blocos de 18 capítulos cada. A primeira parte se chama "Contando carneirinhos"; a segunda, "Pegando no sono assistindo televisão no sofá"; a terceira, "Barulho de chuva no telhado"; a quarta, "Frio gostoso e cobertas quentinhas"; e a quinta e última, "Sono profundo". Tudo isso carinhosamente pensado para garantir que você irá babar na fronha do travesseiro.

Quem sabe só de ler esses títulos você já esteja caindo de sono. Espere; não durma ainda. Eu prometo que já estamos acabando esta parte. Lembre-se de que a proposta é que você leia apenas um capítulo por dia. O intuito é não ter pressa. Não se debruce sobre este material com a vontade de terminar toda a leitura em poucos dias. A nossa meta é relaxar e aprender enquanto avançamos.

Tanto as teorias como os desafios a serem pensados são de ordem positiva, para que o "ato de dormir" seja conduzido de forma saudável. É como imaginar a pessoa que opta por alimentos leves antes de ir para a cama, pois sabe que estará garantindo uma noite de sono excelente. Nós estaremos optando por ler algo sereno e nutritivo ao invés de assistir algum programa preocupante ou perder tempo sem propósito pela internet de nosso celular. Não basta observar a nossa alimentação física para ter uma vida salutar, é preciso também observar as ideias com as quais estamos nutrindo a nossa mente.

E com uma noite bem descansada e recheada de valores construtivos e educativos, certamente o seu dia será muito melhor aproveitado.

Desejo a você uma cama confortável, um pijama folgado, o travesseiro perfeito, um parceiro que não ronque ao seu lado, sonhos tranquilos, e uma vida emocionalmente e intelectualmente acordada.

# CONTANDO CARNEIRINHOS

Sempre que eu quero dormir e não consigo, nada me ajuda menos a pegar no sono do que contar carneirinhos! Eu não sei quem inventou essa técnica, mas, para mim, ela definitivamente não funciona. Entretanto eu lembro que, quando era criança, havia algo que sempre me ajudava, mas que quando crescemos, deixamos de fazer.

Quando eu posava na casa da querida tia Loiva, ela sempre conversava comigo antes de deitar e me contava alguma história ou piada, depois me dava um beijo de boa noite na testa, e eu só me lembrava da vida no outro dia, na hora de acordar.

Só que eu cresci, e hoje em dia ninguém vai me contar uma bela historinha para dormir, nem me dar um beijinho na testa. Ao invés disso, disseram-me para contar carneirinhos. Eu até tentei algumas vezes; nunca funcionou. Por isso eu pensei em escrever este livro, com a desculpa de "ouvirmos" histórias filosóficas, mas com o verdadeiro intuito de apenas pegar no sono de forma relaxante e sem esforço.

O curioso é que eu ainda me lembro vividamente dos momentos e de algumas histórias contadas pela tia Loiva na minha infância. O fato é que aqueles momentos eram tão bons que eles não apenas me faziam pegar no sono, como também ficaram nitidamente registrados em minha memória de saudades. Em razão disso, eu quis criar um livro de histórias para dormir que não apenas desse sono e fizesse descansar bem, mas que também fosse fonte de boas recordações e pensamentos que servissem de inspiração para uma vida mais prazerosa. E nada melhor para realizar esse desígnio do que ideias filosofais.

Os pensamentos apresentados neste livro não lhe colocarão para dormir por serem histórias entediantes e difíceis de compreender, e sim porque lhe darão um prazer e leveza para preparar a sua noite de sono para ser a mais proveitosa possível e para que os seus dias de trabalho e de desafios cotidianos possam ser vividos com sabedoria e fortaleza.

Permita-se absorver com paciência as belas palavras que este amigo em forma de livro irá lhe contar. O exercício diário sugerido é o de ler cada capítulo antes de ir dormir, e, no dia seguinte, quando acordar, antes de levantar, pensar na ideia lida na noite anterior, e tentar colocá-la em prática ao longo de seu novo dia.

Procure sempre recordar o pensamento que você leu na noite anterior e devolver o rumo da sua atenção ao pensamento estudado. Isso pode parecer difícil de realizar no início, mas com intenção e prática a habilidade será aprimorada.

Muito bem, acredito que por enquanto é isso, agora você pode fechar o livro. Podemos deixar o primeiro filósofo para estudarmos amanhã. A lição aprendida hoje é *paciência para aprender com qualidade a fim de jamais esquecer*, assim como eu jamais esquecerei meus bons momentos da infância com a tia Loiva.

E quais são as suas melhores recordações dos tempos de inocência? Quanto tempo faz que você não conversa com o seu "eu" criança? E quem são as pessoas que você tem tratado com ternura e respeito, e que lembrarão de você no futuro, assim como eu me recordo carinhosamente da tia Loiva? Não são apenas os pequeninos que precisam ouvir belas histórias para dormir; nossos amigos, cônjuge, pais, e colegas de trabalho também necessitam de nossa paciência e afeto.

Boa noite e bons sonhos. E amanhã, quando acordar, lembre-se de escovar os dentes e viver o dia com *paciência*.

## 1.1 Aristóteles

*"O começo é mais que metade do todo."*

Não poderíamos iniciar nossa caminhada em melhor companhia. E como ele bem disse: *"O começo é mais que metade do todo"*. E essa é a frase para você recordar de agora em diante, pelo resto de sua vida. Antes de dormir hoje, e antes de levantar ao acordar amanhã, é nessa citação que você irá pensar. Nós iniciamos com ela, pois ela nos guiará. Começar é difícil. Somos mestres em procrastinar as ações que podem de fato mudar nossa vida para melhor. No entanto, uma vez dado o pontapé inicial, o desenrolar da história encontra o seu caminho com mais facilidade.

Aristóteles nasceu há mais de 2 mil anos, quando Jesus nem era nascido ainda. Ele é uma das personalidades históricas mais importantes a ser estudada. Ele é o terceiro da geração de grandes filósofos gregos mais populares da antiguidade clássica que chegaram em forma de conhecimento até os dias atuais. O primeiro deles foi **S**ócrates, que ensinou **P**latão, e esse foi mestre de **A**ristóteles. E juntos eles formam o **SPA** inquietante da filosofia. Mesmo que você nunca tenha lido qualquer coisa a respeito desses três filósofos, certamente já ouviu falar no nome deles. Eles são tão populares como qualquer banda de rock de nossa geração. E certamente suas palavras são tão barulhentas quanto qualquer grupo de heavy metal. Não bastasse Aristóteles ter sido quem foi e ter aprendido de quem aprendeu, ele ainda foi o professor de outra grande personalidade da história: Alexandre, o Grande. Alexandre iniciou seus estudos com Aristóteles ainda muito jovem, e com apenas 20 anos já iniciou em campanhas militares bem sucedidas sem nunca ter perdido nenhuma batalha. Aos 30 anos havia criado um dos maiores impérios do mundo antigo, que se estendia da Grécia para o Egito e parte da Índia. Alexandre morreu com apenas 32 anos de idade. Como é possível que alguém assim tão jovem tenha conquistado tanto? Esse é o poder da filosofia, e hoje todos nós podemos ser discípulos de Aristóteles ao aprendermos seus ensinamentos.

Só que uma boa ideia que não é colocada em prática não vale nada. Por outro lado um projeto interessante que ganha vida a partir de um primeiro passo já avançou mais do que metade do caminho. Muitos dos grandes atletas de elite e dos renomados artistas e escritores que hoje conhecemos iniciaram a sua jornada muito cedo. A grande maioria já sabia o que iria ser pelo resto da vida aos 5 ou 6 anos de idade. Enquanto que tantos outros anônimos morreram sem nunca descobrir para que nasceram. Aqueles que sabem o que querem ser e que objetivos alcançar, e que vão em busca disso, não deixam a própria vida passar em vão. Frequentemente inventamos desculpas para não ir atrás de nossos sonhos. Não importa a sua idade, sempre é tempo de iniciar.

O exercício filosófico para se pensar hoje antes de ir dormir é o de identificar uma ação que precisa ser iniciada, pois tem o potencial de propulsionar a sua existência. Não pense em nenhum passo além do primeiro. Depois de principiar, você encontrará as soluções necessárias para vencer os próximos desafios. Muitos começam a ler, e não vão até o fim. O seu primeiro compromisso é com o livro que agora tem em mãos. O segundo compromisso é com você mesmo. Amanhã você dará o passo que precisa em direção de uma decisão que tem sido protelada. Imagine que o próprio Aristóteles está falando com você e não esqueça jamais as suas palavras: *"O começo é mais que metade do todo"*.

Contudo agora é hora de começar a dormir. Bons sonhos.

## 1.2 Aristóteles

*"As virtudes são um hábito que conduzem à felicidade."*

Essa não é uma citação literal das palavras do filósofo, e sim um resumo exagerado do que ele ensinou na obra Ética a Nicômaco. Na obra, Aristóteles ensina o caminho que leva à felicidade. Não a felicidade com que estamos acostumados a ver nos comerciais de televisão. Felicidade para o grande mestre é sim ser feliz e sentir prazer na vida, pois isso não pode ser negado, porém também saber enfrentar as adversidades inevitáveis com coragem e postura.

Uma pessoa preparada para conviver bem com as alegrias e fortunas da existência e que também é apta para encarar com força e determinação as desventuras e percalços inevitáveis poderá, portanto, ser chamada de feliz. Alguém que apenas saiba desfrutar das benesses, sem saber se conduzir pelas adversidades, não é inteiramente feliz; ou alguém que apenas se vanglorie de ser forte diante da dor, mas que repudia os prazeres, não adquiriu a virtude plena. Conforme as palavras do grande professor: *"O sucesso ou o fracasso na vida não dependem dos favores da fortuna, mas sim, a vida humana também deve contar com eles; porém o que constitui a felicidade são as atividades virtuosas, e as atividades viciosas nos conduzem à situação oposta"*.

Em outras palavras, podemos dizer que aquilo que fazemos todos os dias determina quem nós somos. No capítulo anterior, falamos da importância de dar o pontapé inicial às atividades que julgamos relevantes para uma vida de autorrealização, agora, aqui, falamos da necessidade de nos mantermos firmes em nossa jornada. Uma pessoa que se deixa levar pela preguiça um dia, mas que retorna suas atividades com convicção no dia seguinte, não pode ser chamada de preguiçosa. Todavia alguém que nunca faz o que deve ser feito por falta de vontade é sem dúvidas uma pessoa desleixada e fracassada. Não são as minhas palavras que acusam tal indivíduo, mas as próprias "ações" dele. Quem se mantém firme nos projetos importantes que inicia aumenta as chances percentuais de alcançar bons resultados. Isso não quer dizer que insucessos e dores emocionais não surgirão pelo caminho; muito pelo contrário, são justamente aqueles que se dispõem a iniciar e batalhar por bons projetos que mais se depararão com dificuldades. Entretanto um batalhador acostumado a enfrentar desafios estará preparado para vencê-los. E esse mesmo lutador estará preparado para desfrutar das vitórias de maneira equilibrada, sem se deixar embriagar pelas ilusões perigosas dos prazeres e das glórias.

No livro Ética a Nicômaco, Aristóteles nos ensina a buscar sempre o caminho do meio termo, evitando os excessos. Ter virtudes é uma conquista que precisa ser praticada todos os dias, nos pequenos e nos grandes detalhes. Uma pessoa que perde o controle emocional diante de situações muito estressantes já não tinha controle emocional diante de pequenos percalços. Um político que se lambuza na corrupção das grandes oportunidades de ganho facilitado e ilícito já cometia mínimos delitos quando podia nas pequenas ocasiões, quando ninguém estava olhando. Aristóteles não aponta essas falhas de conduta humana para acusar, da mesma forma que ele não sugere que façamos o mesmo com aqueles ao nosso redor. Ele ensina-nos o caminho da virtude do meio termo para que nós avaliemos nossas próprias ações, sem nos preocuparmos com os possíveis aparentes ganhos e perdas dos outros. Ao fim das contas, você só deve satisfação a respeito de suas próprias ações, o que os outros fazem é responsabilidade deles, e a justiça humana é muito severa quando decide se debruçar sobre as falhas dos cidadãos. Aja de forma que a sua alegria possa ser desfrutada sem receio e que as suas tristezas possam ser choradas com a convicção de não ter do que se arrepender.

A frase para recordar hoje e amanhã é: *"as virtudes são um hábito que conduzem à felicidade"*. E que a sua felicidade possa ser plena e imperturbável, independente do que venha a acontecer.

O sorriso é um hábito virtuoso e embelezador. Durma bem e acorde melhor ainda.

# 1.3 Immanuel Kant

*"Não é o tempo que passa rápido, nós é que passamos rápido pelo tempo."*

Considerado um dos autores mais difíceis da filosofia, tanto por seu estilo de escrita rebuscado (para não dizer, como alguns, ruim) quanto por suas ideias complexas demais para serem assimiladas em uma primeira leitura (às vezes nem na segunda, ou até mesmo terceira). Alguns filósofos chegam ao ponto de dizer que se você está compreendendo o que Kant tem a dizer, então você não assimilou de fato, mas que se por acaso sente que não está entendendo, provavelmente você está no caminho certo para a compreensão. Qualquer filósofo alemão tem a característica de ser difícil (entediante, inclusive) de ser estudado.

Considerando uma introdução como essa, não é de se admirar que o tempo seja um dos requisitos indispensáveis para se absorver a obra desse que foi sem dúvidas um dos grandes filósofos da humanidade e que deixou um dos maiores legados para a posteridade. Ninguém poderá se queixar de não ter crescido intelectualmente após passar algum tempo na "companhia" de Immanuel Kant.

Tempo era uma das coisas que Kant mais respeitou em vida. Relatos contam que esse filósofo que viveu na Prússia (antiga parte da Alemanha), entre 1724 e 1804 (79 anos), tinha o ritual de acordar sempre no mesmo horário e de sair para caminhadas vespertinas religiosamente sempre em um instante específico. Reza a lenda que as pessoas da cidade ajustavam seus relógios de acordo com os momentos de passeio de Kant. Essa era a rotina de alguém evidentemente preocupado com a passagem da vida e com a intenção de aproveitar ao máximo cada minuto.

Tempo é o que alguém mais precisa quando dedicado a um planejamento de grande alcance. O filósofo era tão preocupado com o seu projeto hercúleo do pensamento que, para a sua obra mais famosa, a *Crítica da Razão Pura*, dedicou três livros. A primeira versão, muito complexa; uma segunda versão, reduzida e mais acessível, chamada *Prolegômenos para toda Metafísica Futura*; e uma terceira tentativa de aperfeiçoar a primeira versão. É nessa obra que o autor se debruça inclusive sobre esse tema que haverá de consumir anos de vida de qualquer mortal que se aventure a tentar conhecer (ou provar) a existência de Deus.

Entretanto Immanuel não foi dedicado apenas à filosofia. Ele soube administrar seu tempo com maestria e reservou momentos para suas caminhadas diárias e para o convívio afetivo com amigos.

A frase desse ilustre autor que tentaremos memorizar é esta: *"Não é o tempo que passa rápido, nós é que passamos rápido pelo tempo".* Não teríamos oportunidade nem espaço neste livro para sequer pincelar as diversas e complexas ideias de tal grandioso autor, mas se formos capazes de recordar dessa curta mensagem, teremos aprendido uma valiosa lição. Se Kant, que trabalhou arduamente em um dos maiores projetos filosóficos da humanidade, foi capaz de organizar sua agenda para que atendesse importâncias de outras ordens que não apenas a profissional, que desculpa nós encontraremos para não cuidar de nossos relacionamentos afetivos e de nossa saúde física e emocional?

A provocação filosófica de hoje e para amanhã ao longo do dia é de como organizar nossa agenda de forma que possamos atender a nossas responsabilidades profissionais (financeira e educacional) e pessoais (saúde, amores, projetos e amizades), de modo que todas elas recebam a devida atenção. A nossa rotina nos força a passar muito rápido pela vida, e, quando percebemos, não aproveitamos com a qualidade e o prazer que deveríamos. Façamos o que temos que fazer com qualidade e atenção. Dedique tempo aos seus projetos para que eles ganhem vida. E não esqueça de reservar para si a quantidade de horas que considera indispensável para recuperar as suas energias, pois isso é fundamental para viver com plenitude.

Descanse aproveitando cada segundo. É hora de dormir.

# 1.4 Oráculo de Delfos na Grécia

*"Conhece-te a ti mesmo."*

A frase "conhece-te a ti mesmo" estava localizada na entrada do Templo do Oráculo na cidade de Delfos (Delphi), na Grécia, e por si só já nos instiga por sua qualidade provocativa. A força dessa pequena frase é tão poderosa que seria combustível para escrever um livro inteiro de interpretações filosóficas. Ela já é suficientemente promissora se parasse por aí, mas a frase completa diz ainda um pouco mais: *"conhece-te a ti mesmo e conhecerás o universo e os deuses".*

Se eu perguntasse a você qual é o centro da nossa galáxia, o que você responderia? No passado, a teoria *geocêntrica* afirmava que era o planeta Terra, e pessoas foram queimadas na fogueira por discordarem disso. Com a evolução da ciência, descobriu-se o que o Sol é o centro, porém apenas do sistema solar (nem no centro da galáxia nós estamos mais), no que ficou conhecido por *heliocentrismo*. Entretanto nenhuma teoria teria sido defendida se não fosse pela capacidade intelectual humana de concebê-las. Então, por uma perspectiva puramente filosófica, nós poderíamos brincar e afirmar que o centro do universo é a percepção individual de cada ser humano, pois cada indivíduo vê o mundo a partir apenas de si mesmo (conceito do *solipsismo*). Sem a interpretação humana que dá sentido às teorizações, elas não existiriam; portanto, nesse contexto contemplativo, o ser humano seria o eixo existencial.

Pode parecer muita presunção supor que o ser humano é o centro de tudo. Presunção maior ainda é acreditar que eu sou o centro desse mundo. E quando digo eu, também quero dizer você. Todavia, sem a nossa interpretação que dá sentido à existência, é como se nada existisse. O que acontece é que quando usamos nosso tempo e esforço intelectual para compreender o mundo externo, esquecemos muitas vezes de olhar o mundo interior de nós mesmos. E a frase do Templo de Delfos não poderia ser mais precisa ao localizar a fonte do conhecimento de tudo em nós. Talvez não exista criação no universo mais complexa do que o cérebro humano. Alguém um dia disse que compreender a mente humana é mais trabalhoso do que conhecer o universo inteiro. Existe uma filosofia chamada de *solipsismo*, que diz que tudo só pode ser conhecido por meio de nossas experiências e emoções interiores. Ela também diz que todos nós somos invariavelmente solitários no Mundo, mesmo quando cercados por uma multidão, pois nunca podemos saber o que se passa no interior de qualquer outra pessoa. Só podemos conhecer efetivamente o que está dentro de cada um de nós.

Parece egoísmo extremo raciocinar assim, mas tente por um segundo pensar na pessoa que você conhece há mais tempo, e que você ama profundamente, e tente adivinhar o que ela está percebendo ou sentindo agora. Ou tente olhar para a sua companhia amorosa, deitada ao seu lado na cama nesse instante, de forma tão íntima, e esforce-se por compreender o que está acontecendo na mente dela. Talvez uma parcela muito pequena da população seja capaz de algo assim. No entanto qualquer ser humano tem a capacidade de olhar para dentro de si mesmo e conhecer o que pensa e sente. A pergunta que surge agora é: será que estamos de fato interiorizando-nos e tentando nos conhecer, conforme a inscrição sobre o Templo de Delfos, que existiu há mais de 2 mil anos? A aventura filosófica ou religiosa, e até mesmo científica, começa em nosso âmago.

A nossa civilização está desenvolvendo tecnologias que estão nos levando cada vez mais longe no espaço e nas realidades virtuais, e, ao mesmo tempo, cada vez mais distante de nós mesmos. Nunca a informação esteve mais disponível; e talvez nunca conhecemos tão pouco a respeito do nosso íntimo. O desenvolvimento moderno tem nos forçado a olhar para fora e para a vida dos outros, celebridades ou pessoas desconhecidas, e frequentemente esquecemos de prestar atenção em nós mesmos. O exercício para refletir hoje e amanhã é o de iniciar uma rotina de meditação na qual você separará, pelos próximos 7 dias, pelo menos 5 minutos para ficar em total silêncio, sozinho, sem nenhum aparelho tecnológico, apenas apreciando os seus pensamentos e emoções. E para não ser um exercício puramente *egocêntrico*, você também escolherá uma pessoa de seu círculo de intimidade para aprofundar o conhecimento verdadeiro da vida dela.

Agora o centro do universo é a sua cama. "Dorme-te a ti mesmo".

## 1.5 Giovanni Pico Della Mirandola

*"O agricultor odeia a esterilidade em seus campos e o marido deplora isso na sua esposa; muito mais ainda então deve a mente divina odiar a mente estéril com a qual a mente divina está associada, porque a mente divina tem a expectativa de gerar a partir da mente humana descendência de uma natureza no mesmo nível de sua divindade."*

Às vezes é difícil perceber a linha tênue que separa a filosofia da religião. Vira e mexe a filosofia tropeça na religião ou a religião esbarra na filosofia; e mesmo que seja para provar a inexistência de Deus, é preciso falar Dele para tentar chegar a qualquer conclusão. Aliás, conclusão é um ponto que nem a filosofia nem a religião conhecem muito bem, pois parece ser um fugitivo de residência móvel que está sempre a escapar de nossas tentativas de encontrá-lo. Entretanto não é sobre Deus que nós queremos falar aqui, mas sim sobre a importância de darmos vida a novas ideias e propósitos existenciais.

Nós temos essa habilidade que parece nos distinguir dos outros seres, que é estar sempre concebendo pensamentos, mesmo que muitas vezes eles não nos levem a nenhum lugar definitivo. As contemplações estão sempre em constante transformação, e mesmo este livro é uma homenagem a essa potencialidade humana em sua expressão mais exagerada, pois aqui pulamos de um filósofo ao outro em cada página e de uma ideia a outra, sem nenhuma preocupação em chegar definitivamente a algum ponto. E assim como Pico exorta para o perigo da esterilidade, outro filósofo renomado também foi associado ao processo de gerar vida. A mãe de Sócrates era parteira, e por isso Sócrates ficou conhecido por seu processo maiêutico de parto de ideias. **Maiêutica** significa "dar à luz", ou "parir" o conhecimento.

Quem sabe Pico della Mirandola estava pensando em Sócrates quando escreveu a frase que hoje estamos estudando: "*o agricultor odeia a esterilidade em seus campos*". Pico foi um filósofo e teólogo renascentista do século XV que tinha o objetivo de conciliar filosofia e religião, publicando, aos 23 anos de idade, suas 900 teses, nas quais ele acreditava ter solucionado as questões para todo o conhecimento da humanidade. No entanto a igreja católica refuta 13 de suas teses, e ele é "convidado" a se retratar, o que ele de fato aceita fazer piedosamente. Ao final de sua vida, ele arrependeu-se de tudo o que produziu e se tornou um religioso fervoroso que lutou contra o florescer do *Renascimento*, movimento que estava dando uma nova vida ao conhecimento produzido pela humanidade. Contrariamente a tudo o que ele escreveu, repentinamente ele passa a ser um assassino da expressão intelectual.

Sócrates aceitou ser condenado à morte para que suas ideias pudessem ver a luz do sol e para que seu nome vivesse para a eternidade, enquanto que Pico preferiu rejeitar suas postulações e abortá-las por causa da opressão religiosa. Qualquer mãe sabe que gerar uma vida é, acima de tudo, um risco de morte. No entanto uma mãe não foge da possibilidade de morrer para parir o seu maior amor. É uma pena que o homem que produziu trabalhos divinos, como o *Discurso sobre a Dignidade do Homem,* tenha se associado aos carrascos de sua época para promover a tentativa de sufocamento de elevadas filosofias e artes.

O medo é um dos maiores ceifadores de novas teorias e projetos. Vivemos em uma geração em que o conceito do aborto, em suas variadas interpretações, encontra fácil e perigosa aceitação entre muitos. Preferimos interromper um novo começo por covardia de enfrentar os desafios consequentes do ato divino de dar à luz. Assim como o agricultor odeia a esterilidade da terra, nós devemos repudiar a improdutividade de uma mente que não gera pensamentos e projetos de vida.

Assim como uma criança precisa de nove meses para nascer, da mesma forma um projeto de vida não pode ser gerado em pouco tempo. Qual é o sonho pelo qual você daria a sua vida para ver se realizar, mas que tem deixado de lado por medo de fracassar? Você nasceu para frutificar pensamentos e planos em sua mente! Sonhe alto e batalhe por pelo menos um objetivo de vida que você ama.

Por enquanto podemos abortar a nossa leitura. Apague a luz e durma bem.

## 1.6 Sócrates, Jesus e Maomé

*"A faculdade de pensar é de um caráter mais divino do que tudo o mais." – Sócrates.*

Pode não parecer, mas esses três indivíduos têm muitos pontos em comum. Esses são os três mensageiros de maior alcance na história conhecida da humanidade. Mesmo quem nunca leu nada a respeito de qualquer um deles, certamente já ouviu falar de seus nomes. O que eles tinham a dizer abalou as estruturas da sociedade em que viveram e ressoaram ao longo do tempo para chegar até nós com volume estridente e nítido, como se ainda estivesse saindo da boca deles.

É possível pensar que se Sócrates não tivesse vivido, a filosofia não teria tantos seguidores como tem alcançado ao longo da história. E Jesus e Maomé são responsáveis pela fundação das duas maiores religiões que existem no mundo hoje. Sócrates e Jesus pagaram com a vida pelo que tinham a dizer. Maomé foi ameaçado de morte e expulso de seu povoado pelo mesmo motivo, e, desde então, passou a defender a sua existência com a espada e a inteligência. A razão que levou esses cavaleiros do pensamento ao conflito social e intelectual foi a mesma: falar de Deus ou dos deuses.

Eles viveram em regiões em que o culto aos deuses era um fato cotidiano aceito em sua ritualidade, sem questionamentos. Pensar de forma diferente do costume levou nossos três amigos a pagarem com a vida pelo que tinham a dizer. Os três aceitaram o risco da morte para que as suas palavras pudessem ressoar com força e poder ao longo das gerações.

Existe ainda outro ponto curiosamente semelhante entre esses respeitáveis provocadores. Nenhum deles deixou qualquer documento escrito daquilo que ensinaram. Você pode achar que eu estou enganado em minha afirmação. Como é possível que alguém entre para a memória do mundo sem deixar registros de próprio punho? E como explicar o fato de lermos e ouvirmos tanto a respeito deles?

O que esclarece esse mistério é compreender que eles foram indivíduos com uma autenticidade de raciocínio instigante em que a mensagem principal era a de fazermos uso de nossa potencialidade intelectual para não aceitarmos a existência apenas pelo que ouvimos ou lemos de outros, mas para que construíssemos nossa própria interpretação da vida e que fôssemos autores genuínos de nossa história, nem que para isso tivéssemos que pagar com a própria vida. Pois se viver não for possível para dar expressão ao que nos inspira, então a existência não tem sentido, e morre mais feliz quem vive pelo que acredita.

Existem duas ideias límpidas na mensagem desses três instigadores. Primeira, a de que temos que fazer uso da potencialidade da faculdade de raciocinar e construir pensamentos autênticos. Não era intenção deles, como mestres da humanidade, que as pessoas simplesmente seguissem o que eles tinham a dizer. As suas mensagens eram a de que nós seguíssemos os seus exemplos e construíssemos nossos próprios caminhos. Lamentavelmente, bastou que eles morressem para que seus discípulos registrassem tudo o que eles disseram como se aquelas fossem a verdade definitiva. Segunda, que a nossa palavra seja sincera ao ponto de não precisar de contratos ou registros escritos. Isso não quer dizer que não podemos errar. No entanto não deveríamos mentir e enganar intencionalmente. Não por causa dos outros, e sim por causa da tranquilidade que reside na alma de quem confia nas próprias palavras.

O exercício para hoje e amanhã é muito simples. Frequentemente não nos damos conta de que fomos presenteados com essa mesma faculdade dos grandes filósofos: pensar. Uma das maiores invenções da humanidade é a escrita, capaz de registrar o que pensamos. Vivemos como se a vida fosse entediante mesmo tendo à disposição tantas benesses. Portanto saibamos reconhecer nossas alegrias e viver por pensamentos e palavras que nos façam existir com imperturbabilidade mesmo diante de cada desafio. E lembre-se: *"a faculdade de pensar é de um caráter mais divino do que tudo o mais"*.

O que nós pensamos se torna a nossa realidade. Pense bem; durma bem. Viva o bem!

## 1.7 Enheduana

*"Quando ela fala os céus tremem."*

A escrita foi inventada pelos povos Sumérios (atual Iraque), por volta de 3 mil anos antes de Cristo, e a primeira escritora de quem se tem registros é Enheduana, que teria nascido em 2285 a.C. Enheduana era sacerdotisa, profeta, princesa, filósofa e também poeta religiosa. Ela era filha de Sargão da Acádia, e foi designada pelo rei para controlar os povos ao sul de seu império em Ur, na Suméria. Ao contrário de seu pai, que usava a espada para comandar, ela fez uso de orações em forma de poesia para unir e manter em paz os povos daquela região. As palavras dela ressoaram na alma dos sumérios de Ur e os fez acreditar em uma vida que ia para além do plano material. Os pensamentos dela foram capazes de romper as barreiras da história e chegar até nós milhares de anos depois. Não há como negar o poder das ideias de Enheduana.

Tomamos como natural o fato de sermos capazes de nos comunicar por meio de palavras faladas e escritas, sem nos darmos conta do processo histórico que nos trouxe até aqui. Hoje passamos grande parte do tempo digitando em nossos smartphones e computadores mensagens rápidas aos nossos amigos e familiares, e comentando nas redes sociais superficialmente nossa opinião pouco trabalhada sobre assuntos que, de fato, muitas vezes, pouca importância têm em nossas vidas. As palavras que Enheduana escreveu de superficial nada tinham e, ao contrário de nós, o que ela compunha tinha influência direta sobre a vida das pessoas sob sua administração. Ela não era a administradora prática dos reinos que ajudava a controlar, mas, em virtude de sua responsabilidade sacerdotal, suas palavras tinham mais poder do que o de qualquer outra autoridade. Em posse do direito conferido a ela por seu poderoso pai, ela optou por liderar pela via do amor e da religião.

Quando olhamos para um passado tão distante de nossa história não podemos resistir à força de nos sentirmos maravilhados ao descobrir a respeito da vida de pessoas como Enheduana. Isso também nos faz pensar que o que fazemos deixa rastros para a eternidade e que podemos ser imortais por meio do que expressamos. Graças ao trabalho de exploração do arqueólogo Sir Leonard Woolley, em 1922, hoje temos acesso ao que foi escrito e registrado há mais de 4 mil anos. É preciso ter cuidado com nossas palavras e atos, pois deixam pegadas difíceis de serem apagadas na posteridade, e que poderão ser encontradas por curiosos, mesmo muito tempo depois. Das escavações feitas por Woolley, foram encontradas pedras com os registros escritos e com desenhos da possível fisionomia de Enheduana, mas nós só ficamos sabendo a respeito da história dela pelo que conhecemos de seus pensamentos, registros e escritos, e não por causa de sua aparência. O mesmo vale para nós. Descobrimos quem as pessoas verdadeiramente são não pelo que elas aparentam, mas sim pela maneira como se expressam.

Mesmo depois de termos partido, nossa história ficará registrada para as gerações. Portanto o exercício que aplicaremos amanhã será o de termos apenas pensamentos positivos em nosso diálogo interior. Além disso, selecionaremos apenas palavras de incentivo e elogios para falar com as pessoas que cruzarem o nosso caminho, pois não é só a posteridade que lembrará de quem nós fomos, mas nossos amigos e colegas também são impactados por aquilo que dizemos. E como se isso não bastasse, ainda reservaremos um momento do dia para escrever uma breve carta de próprio punho para alguém que amamos.

Enheduana sentava e escrevia seus poemas e orações, e ao fazer isso, colocava atenção e cuidado ao que ia comunicar. Quando digitamos no smartphone, mal paramos para pensar. Durante um dia inteiro nossa palavra terá intenção e assertividade, porque *"quando ela fala os céus tremem"*. Nós seremos lembrados por aquilo que tivermos sido. Faça o mundo vibrar com a sua presença.

Nesse momento faça o travesseiro afundar com a sua cabeça. Durma como uma pedra.

# 1.8 Hipátia

*"Todas as formas religiosas dogmáticas são falaciosas e não devem ser aceitas."*

Pensar é um exercício intelectual de alta complexidade. Nem todos estão aptos a exercê-lo com qualidade. E tão importante quanto pensar é respeitar os pensamentos dos outros, especialmente aqueles que diferem muito do nosso. Alexandria, no Egito, foi o centro de todo o exercício intelectual da Antiguidade e se tornou famosa por ter sido construída por Alexandre, o Grande; por nela ter vivido Cleópatra; por ter possuído uma das sete maravilhas do mundo antigo, o farol de Alexandria; e também por ser a cidade da famosa Biblioteca de Alexandria, que tinha o intuito de possuir todo o conhecimento escrito do mundo daquela época. Não bastasse tudo isso, Alexandria também foi o lar da grande filósofa e cientista Hipátia, que viveu entre aproximadamente o período de 350 e 415 depois de Cristo.

Hipátia teve sua própria escola de filosofia em Alexandria. Ela era uma filósofa com bagagem científica e matemática. Seus conhecimentos tinham forte aplicabilidade prática e foi, por exemplo, responsável pelo desenvolvimento do *astrolábio* (instrumento de navegação marítima). Alexandre concebeu Alexandria para ser o centro mundial do livre pensamento e, sem dúvidas, Hipátia teve forte influência na concretização desse projeto. Alexandre morreu em 323 antes de Cristo, mais de 600 anos antes de Hipátia estrear na vida, mas o seu plano grandioso para o conhecimento permaneceu vivo no trabalho de grandes filósofos como ela. Como empirista que era, Hipátia buscava a explicação para a vida e a ciência em fatos observáveis e comprováveis. Explicações infundadas dificilmente a convenceriam, e seus ensinamentos estimulavam seus alunos a pensarem na mesma linha. Essa forma de conduzir a existência não combinava com a nova religião que surgia no Mundo, o cristianismo, e que tinha a defesa de fanáticos que não eram capazes de compreender a mensagem do próprio filósofo que a concebeu, Jesus Cristo.

A vida de Hipátia só não foi mais marcante do que a sua morte. Ela foi brutalmente assassinada justamente por aquilo que viveu para combater, isto é, a ignorância humana. Lunáticos que não mereciam o título de cristãos, e que se diziam possuidores da única verdade e da mensagem do amor ensinado por Jesus foram os responsáveis por humilhar e matar Hipátia em virtude do perigo (injustificado) que ela, e tantos outros, representavam para a nova fé, que exigia obediência inquestionável ao novo preceito de único deus de amor e de salvação, que havia vindo na forma de seu filho, Jesus Cristo. Essa não foi a única vez na história que a estupidez deturpou tão eficientemente a capacidade intelectual humana de raciocinar.

Hipátia defendeu a necessidade de se manter aberta a possibilidade para a absorção de novos conhecimentos. Para que isso aconteça, é necessário saber ouvir. Sem parar para ouvir o outro lado, nunca se conhecerá a outra versão dos fatos. Jesus mesmo disse que ao conhecermos a verdade seríamos livres. É uma pena que os questionáveis seguidores de Cristo não se mantiveram humildes e atentos ao conhecimento do que é verdadeiro. Quando acreditamos que somos donos da única veracidade fechamo-nos para novos aprendizados e limitamos nossa própria potencialidade de experimentar a vida em sua plenitude e liberdade. Com uma postura assim, tornamo-nos opressores de nós mesmos e não nos permitimos sair de nossa própria prisão intelectual.

Nosso exercício intelectual para hoje a para amanhã é o de aprender a ouvir as pessoas ao nosso redor. Não apenas um ouvir desinteressado, mas escutar com atenção e desejo de compreender. Nós não emitiremos nenhum julgamento sobre a opinião dos outros e buscaremos conhecer o máximo sobre a vida deles e suas ideias, sem a necessidade de defender nossa posição. Não precisamos provar estarmos certos o tempo inteiro. *"**Todas as formas religiosas dogmáticas são falaciosas e não devem ser aceitas**"*, e para que possamos chegar a qualquer conclusão, primeiro devemos conhecer. Quem sabe respeitar, dorme melhor.

Ouça o som do sono lhe chamando para escutar o silêncio. Durma bem.

## 1.9 Sócrates

*"Na medida em que vão murchando para um os prazeres físicos, nesse mesmo aumentam o desejo e o prazer da conversa."*

Mesmo quem nunca escutou alguma música sua, pelo menos alguma vez já ouviu falar de Elvis Presley. E assim como a cultura americana invade o Mundo por meio, principalmente, da música e do entretenimento, a Grécia Antiga espalhou sua influência cultural pelo Planeta a partir, especialmente, da filosofia. Dentro desse contexto, se Sócrates não foi o filósofo mais popular da história, pelo menos, sem dúvidas, ele é um dos. Se por um lado, esse pensador não deixou nenhum registro escrito de próprio punho, por outro lado, é como se tivesse escrito diretamente na memória da própria história universal da mente da humanidade. Nem mesmo a música mais popular foi até hoje capaz de um feito tão expressivo.

Sócrates existiu antes de Cristo, entre 469 e 399, vivendo, portanto, em torno de 70 anos. Ele lutou por algum tempo na Guerra do Peloponeso (que durou 27 anos), defendendo Atenas contra Esparta. Sócrates não era defensor do regimento político democrático. Por algum motivo, a história também inclui em seus feitos o título jocoso de expressiva feiura, o que não lhe impediu (juntamente com a lei da época) de ter duas esposas. Ele também recebeu o título de homem mais sábio da Grécia pela sacerdotisa Pítia, do templo de Delfos; ao que respondeu que só se fosse pelo fato de reconhecer que nada sabia, diferentemente de outros sábios que ele conhecia e que se vangloriavam de possuir muito conhecimento, apesar de serem frequentemente pegos em suas falhas de raciocínio.

Sócrates conseguia desbancar seus "opositores" intelectuais com uma técnica que envolvia muitas perguntas, cujas respostas mal formuladas e "mal amarradas" logo eram utilizadas de volta contra o interlocutor. Para ensinar seus alunos, usou o método socrático, também conhecido como **maiêutica**, ou parto de ideias. Essa técnica recebeu esse nome, pois sua mãe era parteira e conduziu o nascimento de muitas crianças, da mesma forma como Sócrates conduziu o nascimento de muitas ideias.

Como todo bom pensador, ele tinha sempre algo de provocador para oferecer aos seus ouvintes e não tardou para que aqueles que se sentiam ameaçados em seus poderes temporais, políticos e religiosos, proferissem uma sentença de morte sobre o feioso parteiro da filosofia. Ele pouco fez para se defender e muito fez para provocar ainda mais a mão condenadora das autoridades, e na boa idade de 70 anos Sócrates deixa a humanidade ao beber o veneno da cicuta a fim de entrar para a história. Poucos ídolos do rock viveram e morreram de forma tão dramática.

Quando lemos os textos de Platão, discípulo que registrou os pensamentos de Sócrates, logo estralamos os olhos em busca de grandes ideias e frases de impacto, o que pode fazer com que facilmente ignoremos pensamentos mais singelos e importantes para uma realidade mais cotidiana. Ao lermos a *República*, inadvertidamente passamos desatentos ao ensinamento que advém do diálogo com Céfalo. Esse era um sacerdote avançado em idade que não podia mais visitar seus amigos distantes e que pede pela visita mais frequente de Sócrates, a fim de se deleitarem no prazer de conversar que se aflora com a velhice, como mostram as palavras de Céfalo: *"na medida em que vão murchando para um os prazeres físicos, nesse mesmo aumentam o desejo e o prazer da conversa"*.

O nosso exercício para hoje é pensar no fato inevitável de que aos poucos envelheceremos e de como iremos conduzir nossa vida até lá. Entretanto, além disso, também proponho que sejamos como Sócrates, que apesar de toda sua sabedoria, tirou tempo para visitar seu amigo ancião, e visitemos também nós aquelas pessoas em nossa família que já são idosas, ou até mesmo aquelas solitárias crianças de idade avançada que residem em asilos com tanto para nos contar, mas sem os ouvidos de uma plateia paciente.

Durma tranquilamente como uma criança que não tem preocupações filosóficas.

# 1.10 Marco Aurélio

*"Levanto-me para retomar a minha obra de ser humano."*

Marco Aurélio, considerado o último dos cinco bons imperadores romanos, e quem sabe o maior de todos eles, não apenas em razão de suas vitórias no campo de batalha, mas também por suas conquistas no campo filosófico e na conduta prática de vida daquilo que dizia acreditar.

É muito mais difícil para um rico que tem muito a perder manter-se firme em seus princípios, do que para alguém com poucas posses e que não arrisca muito daquilo que tem quando se mantém firme naquilo que acredita. Em um momento de crise do império, o imperador não titubeou em vender até mesmo as valiosas joias da esposa para arcar com as despesas da manutenção do império e da ordem social. Eu não discordaria das mulheres que pensassem que talvez ele tenha ido um pouco longe demais nesse caso. Todavia um simples fato como esse revela sua profunda alma e o compromisso com seus próprios valores, acima de qualquer vaidade.

Em outro momento, um pouco mais dramático, em que sua esposa poderia ter sido condenada à morte por traição (moral, e não conjugal), ele mostrou-se não apenas alguém acima da vaidade, mas também acima do próprio orgulho, perdoando a esposa, que ele soube reconhecer, não agiu com o fito de traí-lo. Marco Aurélio ficou imortalizado não apenas por ser um dos grandes líderes de um dos maiores e mais longos impérios da humanidade e por sua conduta de vida, mas também por seus pensamentos registrados no livro *Meditações*.

Marco Aurélio morreu no ano de 180 depois de Cristo com a idade de 58 anos, e em seus 30 anos de casamento com Faustina tiveram 13 filhos. Parece que, além de um grande produtor de filosofia, ele também foi, junto com a esposa, um prolífico gerador de herdeiros. Ele foi inegavelmente um homem preocupado com a vida "aqui e agora" e com o impacto de suas ações. Seus pensamentos e provocações filosóficas sempre direcionam não apenas a nossa mente, mas também os nossos passos em nossa caminhada diária.

A frase completa que aprendemos com ele hoje é essa: "se te ocorrer, de manhã, de acordares com preguiça e indolência, lembra-te deste pensamento: *'levanto-me para retomar a minha obra de ser humano'*". Quer sejamos homens ou mulheres, quer estejamos cansados ou não, após dormir, chega uma hora em que precisamos levantar, e do jeito como estivermos nos sentindo, precisaremos continuar a nossa jornada por essa caminhada chamada vida, até o dia em que a nossa hora de partir chegar. Enquanto esse dia não vem, precisamos caminhar. Entretanto não apenas caminhar a esmo, mas se prestarmos atenção à voz de comando de nosso imperador, prudente na guerra, e rápido no perdão, perceberemos que ele considera a vida uma obra. Uma construção como uma casa não pode ser erguida sem boas bases e um projeto meticulosamente calculado. Um trabalho de vida como um relacionamento afetivo ou um casamento não pode desmoronar com facilidade. Às vezes o pilar principal que sustenta a nossa vida somos nós mesmos e nossas emoções. A nossa profissão também é um projeto com a importância de uma grande empreitada que precisa ser construída "tijolo por tijolo" com dedicação e intenção.

O exercício filosófico que nos espera é dormir esta noite com a consciência de que, independentemente de como acordaremos amanhã, teremos diante de nós um dia para levantar mais uma carreira de tijolos de nossa vida profissional, familiar, amorosa e também intelectual. A obra não termina até que todas as suas partes estejam concluídas com qualidade e segurança. O processo é inevitavelmente árduo e até mesmo demorado. Quanto mais esforço e cuidado colocarmos em nossa atividade, com mais durabilidade construiremos. A Grande Pirâmide de Gizé no Egito, por exemplo, levou mais de 2 décadas para ser concluída, entretanto está de pé há mais de 4 mil anos. *Em que área de sua vida, onde há necessidade de aprimoramento, você é capaz de dedicar seus próximos 10 anos? Reflita com calma sobre essa indagação.*

Hoje você não terá sonhos, pois dormirá pesadamente, como um pedreiro de construção civil.

## 1.11 René Descartes

*"Penso, logo existo."*

Você já parou para pensar que você existe? Então, pare agora. Largue este livro por um minuto e pense no fato de você existir.

Eu gostaria de poder ter ouvido o que aconteceu em sua mente enquanto você pensava na própria existência. Existe muito mais complexidade por trás desse ato do que nós somos capazes de compreender, mas também há fronteiras. E essa afirmação não é minha. Foi este filósofo extremamente crítico quem afirmou que, apesar de seu poder, a mente é limitada. Existem muitas coisas que nos "tocam" nessa vida, mas que, segundo ele, seríamos cognitivamente restringidos para assimilar. Entretanto, nos darmos conta de que somos um ente vivo é algo que estamos aptos a realizar.

Eu mesmo pude experimentar essa gostosa sensação alguns anos atrás, enquanto ouvia meu professor na aula de filosofia. À medida que ele ia costurando sua linha de raciocínio, eu ia me rasgando das palavras dele e me enrolando em meu próprio novelo pensativo e, de repente, eu tive a sensação de como se eu estivesse diante de minha própria presença, vendo a mim mesmo para além da roupagem exterior. Foi quando eu me dei conta de que eu sou alguém e de que existo. Eu fui aonde Descartes quer nos conduzir com a sua afirmação, pois eu não apenas existi como uma pedaço de pano naquele rápido instante, mas eu consegui apalpar a consciência de que estava ali.

Entretanto René não foi o filósofo das certezas, e sim das dúvidas. Ele pediu para duvidarmos de tudo. Afirmar isso chega a ser contraditório, mas, com Descartes, quanto mais questionamos, mais compreendemos. Com René aprendemos a não aceitar tudo o que nos é ensinado ou que já conhecemos sem nos questionarmos a respeito da veracidade. A cada novo pensamento que se apresenta deveríamos filtrá-lo com a peneira da crítica. O que peneirar, será bem vindo; o que não passar, deve permanecer do lado de fora.

Faz sentido que pensar seja intrincado, pois a vida é emaranhada. É isso que ele é capaz de fazer conosco mediante a sua filosofia. Ele chegou ao ponto de sugerir que existe um gênio maligno implantando pensamentos bastante evidentes em nossa mente, mas que seriam falsos. Um filósofo pode sugerir algo assim? Segundo Descartes, nós podemos desejar qualquer coisa, para isso não existe limite. Entretanto para o pensar existiria um limite que não seria possível de ser ultrapassado por nós. Semelhante é a vida, pois podemos desejar qualquer coisa, mas não obter tudo o que queremos. Se a arte imita a vida, então a filosofia desenha o viver.

Como todos os filósofos franceses, René Descartes beira a poesia com o seu filosofar. Esse pensador do século XVII também foi matemático, e é muito lembrado pelo Plano Cartesiano. Suas obras mais famosas são o *Discurso do Método* e *Meditações Metafísicas*. É reconhecido como um dos pensadores da *epistemologia*, que é o estudo do conhecimento e da capacidade de conhecer. René morreu em 1650, e, em 1667, a Igreja Católica colocou seus livros na lista proibida. Tivesse ele vivido um pouco mais, teria quem sabe sido condenado pela Inquisição. O que é curioso, pois ele foi um religioso piedoso e convicto de que Deus é real, usando todo o seu criticismo para concluir a veracidade da existência do Divino. Sua frase mais célebre é: *"penso, logo existo"*.

O exercício para hoje e amanhã não haveria de ser outro senão duvidar. Eis uma prática que lhe renderá inimigos perigosos como a Inquisição Romana. Vivemos uma época em que o gênio maligno tem trabalhado com todas as suas forças para disseminar muitas falsas verdades. Pratique duvidar de tudo o que ouvir ao longo do dia e tentar ir a fundo na crítica de suas próprias certezas e você verá a verdade despindo seus véus do absolutismo um após o outro. Nossa vida é fundada em convicções que muitas vezes temos até medo de reconhecer como vulneráveis. Arrisque-se a questionar e surpreenda-se ao conhecer cada vez mais a respeito de si e do mundo à sua volta.

Penso, logo durmo. Durmo e logo acordo. Existo, logo espero que tenha consciência disso.

## 1.12 Pensamento Estoico

*"Preocupe-se com aquilo que você pode mudar; o que não está ao seu alcance mudar deve ser ignorado."*

Certa vez eu pude testemunhar em uma reunião na empresa em que eu trabalhava o alto escalão administrativo em seus ânimos mais acalorados. O chefe gritava com todos, e todos gritavam entre si. Os participantes ou tinham voz potente de raiva, ou voz pusilânime de medo. Até que um dos gerentes foi intimado a responder uma pergunta que parecia ser muito delicada. Eis que, para a minha surpresa, aquele gerente respondeu em um tom tranquilo e sereno, sem se exaltar como quem perde o controle, e sem se intimidar como alguém que está acovardado. Depois do estresse generalizado, ele saiu da reunião como se nada tivesse acontecido. Hoje em dia ele é o gestor daquela companhia, e todos os outros já foram demitidos. Você conhece pessoas assim, que diante das mais duras circunstâncias parecem ter uma pedra de gelo no lugar do coração? Se sim, então você conhece um estoico, mesmo que a pessoa talvez nem saiba o que isso significa.

O estoicismo nasce com Zenão de Cítio, em 300 antes de Cristo, na cidade de Atenas, na Grécia, com grande ênfase na bondade e na paz de espírito que é adquirida por aqueles que vivem uma vida virtuosa e em acordo com a natureza das coisas. Essa parece mais uma daquelas filosofias da qual é muito fácil falar, mas difícil colocar em prática. Entretanto não é no ensinamento de Zenão que iremos focar. Vamos pular alguns anos, até em torno de 100 anos depois de Cristo e estudar um filósofo que foi um escravo romano. Ele se chamava Epiteto. Apesar de escravo de um oficial romano, ele recebeu uma boa educação formal e, com isso, tornou-se um grande filósofo. E nada melhor do que ouvir a filosofia estoica de alguém que era um escravo, pois se ele conseguiu colocar em prática o que acreditava, então nós também podemos.

O estoicismo baseia-se, acima de tudo, na racionalidade. Para ele, o mundo é *determinístico* e certas coisas simplesmente não podem ser mudadas, exceto pela forma como as interpretamos. Epiteto não podia escolher não ter nascido escravo, mas ele podia escolher viver de forma virtuosa, bondosa e firme. Conta-se que um dia, quando um brutamonte agarrou e ameaçou quebrar a perna de Epiteto, ele teria advertido o agressor de que se forçasse um pouco mais, quebraria o seu membro. O sujeito não deu ouvido e de fato quebrou a perna de Epiteto. Ao que ele retrucou dizendo: "eu avisei". Onde encontrar exemplo mais forte do que esse para lidar com a dor e a humilhação de forma impassível?

Os estoicos compreendem que muitas vezes não podemos mudar o mundo à nossa volta. Nós não temos o controle sobre muitos aspectos da vida. No entanto existe algo que sempre podemos controlar independentemente das situações em que nos encontramos, e essa subordinada é a nossa mente e a forma como interpretamos o que parece ser a realidade. Não podemos mudar o fato de que as pessoas morrem, mas podemos adaptar a maneira como avaliamos a morte. É impossível ficar sem dormir, portanto seria absurdo desejar por algo assim, pois estaríamos indo contra a biologia humana, entretanto se nem sempre podemos dormir um pouco a mais todos os dias, pelo menos é possível irmos dormir um pouco mais cedo. Sofrer pelas coisas que não podem ser de outra forma é não saber usar a razão.

Um bom exemplo no qual a imperturbabilidade emocional dos estoicos seria bem-vinda é quando um avião aterrissa. Você já percebeu como todos levantam estressados querendo logo sair? Por que não ser o último a sair; qual o problema? Em uma corrida em que todos são ansiosos e estressados, ser o último é uma forma de vitória.

O exercício para pensarmos é tentar passar um dia inteiro sem nos estressarmos e sem elevar a voz. Mesmo que por dentro possamos estar rompendo em raiva e desespero, não poderemos deixar isso transparecer ao mundo ao nosso redor, pois perder o controle não ajuda a resolver os problemas. Quem sabe assim compreenderemos o significado da frase: *"preocupe-se com aquilo que você pode mudar; o que não está ao seu alcance mudar deve ser ignorado"*.

Que você durma na paz inquebrantável de Epiteto.

## 1.13 Bertrand Russell

*"Caso houvesse um Deus, eu acho difícil que Ele seria vaidoso ao ponto de ficar ofendido com aqueles que duvidam de Sua existência."*

Aquele livro parecia uma serpente venenosa enrolada sobre a mesa, encarando-me como se fosse pular e me picar, ou como se a qualquer momento fosse matreiramente me oferecer uma maçã da árvore proibida do paraíso a fim de que eu perdesse a minha salvação. As cores da capa e o título ajudavam a criar uma imagem sedutora e pecaminosa: branco, vermelho, preto e cinza. Apesar de saber que algo de diabólico poderia acontecer, a minha curiosidade humana estava convicta de que iria morder um pedaço daquela fruta literária.

O livro ao qual eu me refiro era o polêmico: *Por que não sou cristão*, do filósofo ateu e matemático Bertrand Russell. Esse título chamou tanto minha atenção porque, na época, eu era um cristão convicto. De qualquer forma, eu me senti profundamente convidado a ler aquele sugestivo livro sobre a mesa de centro na casa do tio de minha ex-namorada. Um mês depois, eu estava com o meu próprio exemplar sobre a escrivaninha. Minha intenção ao ler aquela obra ou qualquer outra que questionasse o cristianismo era a de fortalecer a minha certeza religiosa com argumentos que se mantivessem firmes mesmo diante de propostas contrárias. É fácil mantermos nosso ponto de vista quando conversamos com pessoas que pensam como a gente; difícil é sequer dar ouvidos aos argumentos de alguém que pensa diferente, e ainda mais encontrar fundamentos para a nossa opinião diante da contrariedade.

Bertrand foi um ateu inglês que nasceu em 1872. No século XX era muito difícil manter a posição de ateísmo que ele sustentava e, por causa de sua convicção, ele foi proibido de lecionar na universidade de Nova Iorque. Entretanto a sua conduta sempre foi a de respeito e elegância. Crente ou não, eu não posso deixar de concordar com a sua frase, *"caso houvesse um Deus, eu acho difícil que Ele seria vaidoso ao ponto de ficar ofendido com aqueles que duvidam de Sua existência"*. Quem na verdade parece sempre se ofender com opiniões contrárias são os seres humanos. Creio que Deus, caso Ele exista, deva estar em uma elevação intelectual e emocional que Lhe permita ouvir críticas sem se ofender.

Em 1950, Russell recebeu o prêmio Nobel de Literatura por sua respeitável contribuição nas áreas da lógica e da filosofia e por sua defesa à liberdade de pensamento. E por falar nisso, trazendo outro argumento de Russell, caso Deus exista, de que Deus estaríamos falando: o Deus dos judeus, dos muçulmanos, dos cristãos, dos gregos, dos egípcios, ou dos hinduístas (apenas para ficar nos mais populares)?

Dentre as possibilidades de crenças religiosas, existe o *ateísmo*, que representa quem está convencido da não existência de qualquer divindade; o *agnosticismo*, que são aqueles que simplesmente não encontram fundamentos suficientes nem para provar a existência de um Deus, nem a sua inexistência. Do lado dos que creem existe mais de uma possibilidade. Existem os *teístas*, que são aqueles que defendem um Deus com todos os dogmas religiosos e influências sobrenaturais; ou então os *deístas*, que também acreditam na existência de uma inteligência superior, mas que não pensam ser necessária alguma religião para isso, nem que Deus interfira nas manifestações existenciais.

Como filósofos, cientistas ou religiosos, ou simplesmente como seres humanos, nós precisamos pelo menos chegar ao consenso de que é importante ouvir (com atenção e intenção de compreender) opiniões contrárias às nossas, sem precisar partir para a violência ou desrespeito.

É um exercício de educação e liberdade estar aberto a conhecer diferentes ideias. Nós não temos obrigação nenhuma com ninguém, nem com Deus, de defender intransigente e irracionalmente uma filosofia ou religião. Nós temos a liberdade absoluta de conhecer toda forma de expressão religiosa e de deixar nosso parecer definitivo e pessoal apenas para o último suspiro de vida. Quanto mais nós aprendemos ideias diferentes, mais nós aumentamos a nossa probabilidade de fazer a melhor escolha.

Numa coisa eu sei que todos nós acreditamos: dormir é bom demais.

## 1.14 Diderot

*"O questionamento é o primeiro passo em direção à filosofia."*

Ontem, enquanto eu fazia a minha caminhada matinal, eu vi passar por mim, lá do outro lado da rua, aquela que foi minha professora dos tempos do ensino fundamental há mais de 20 anos. Eu fiquei observando-a para não perder a oportunidade de fazer um aceno e quem sabe me aproximar para dar um "oi" assim que ela me visse, no entanto ela parecia muito compenetrada em sua caminha e pensativa, com o olhar fixo para baixo, sem se distrair olhando para os lados. Vê-la foi muito bom, pois trouxe um turbilhão de boas recordações do tempo de escola e da infância. Além do mais, ela tinha sido uma de minhas professoras prediletas. Alguns dias depois, quando comentei o ocorrido com uma amiga, ela informou-me de que essa professora estava passando por uma crise de depressão profunda, e que já tinha, inclusive, tentado o suicídio. Eu me arrependi imensamente de não ter cruzado a rua quando tive a chance e de não ter ido abraçá-la para dizer o quanto ela tinha sido importante na minha formação.

Diderot é um filósofo que lembra aquele aluno na sala de aula que não se cansa de perguntar enquanto não soluciona a sua dúvida, nem que para isso tenha que importunar a professora. Talvez tenha sido por causa dessa atitude que mais para o final da vida ele tenha se considerado um ateísta, cansado que estava de perguntar e não encontrar respostas convincentes para o enigma de Deus, mas, acima de tudo, corajoso o suficiente para admitir a sua incompreensão. E essa é a postura de um verdadeiro aprendiz e filósofo, que proclama que *"o questionamento é o primeiro passo em direção à filosofia"*. Enquanto não encontrarmos uma resposta que nos convença, não devemos parar de interrogar.

Denis Diderot foi um filósofo francês que nasceu em 1713 e que viveu por 70 anos. Ele foi um dos grandes nomes do iluminismo, o período das luzes, da razão humana, e da luta pela liberdade do pensamento. E por falar nisso, eu havia erroneamente aprendido que a palavra aluno significava sem luz. Apenas recentemente ouvi de um professor de filosofia que essa é uma palavra que vem do latim, e que pode significar criança de peito, que mama, ou discípulo. Como é bom ter professores que nos guiam pelo caminho da iluminação do conhecimento.

Diderot ficou popular também pela expressão *Efeito Diderot*. Esse fato curioso acontece quando compramos alguma peça de roupa nova que destoa completamente de nossas outras vestimentas no armário, gerando em nós a sensação de que precisamos comprar outras partes para combinar com o novo traje. O mesmo pode acontecer com alguma mobília nova de decoração, forçando em nós uma compulsão quase descontrolada por comprar cada vez mais, até equilibrar o novo padrão de harmonização. Quando esse movimento de mudança acontece no mundo material, isso pode ser catastrófico para as nossas finanças e muitas pessoas sofrem do desejo irrefreável por comprar. Entretanto, se essa compulsão acontecer em nossa vontade de melhorar o estoque de conhecimento e valores de nossa personalidade, então o excesso é bem-vindo.

No entanto provavelmente a maior contribuição filosófica de Diderot tenha sido a invenção da Enciclopédia, um conjunto de livros que ele escreveu com o fito de compilar todo o conhecimento relevante do mundo da época. Hoje em dia nós temos a versão moderna, que é a Wikipédia virtual, e que muitos professores não recomendam que os alunos utilizem para as suas pesquisas.

A tecnologia tem evoluído tanto que atualmente se fala inclusive em substituir os professores em sala de aula por robôs com inteligência artificial. Eu espero que essa revolução nunca venha a acontecer, pois os robôs nunca saberão incentivar e acreditar nos alunos como nossos queridos mestres, e muito menos saberão nos repreender quando nos pegarem colando em uma prova. Tire um tempinho essa semana para agradecer algum professor que tenha passado por sua vida. Ele certamente ficará muito feliz com o seu reconhecimento. Eu sei disso porque a professora que passou do outro lado da rua me disse isso quando eu a abracei hoje durante uma visita surpresa. Questione seus educadores (professores, pais, chefes), porém não duvide do amor deles por você.

Por hoje chega, apague a luz e vá dormir, pois amanhã você tem aula (ou trabalho).

## 1.15 Voltaire

*"Posso não concordar com nenhuma de suas ideias, mas defenderei até a morte o seu direito de expressá-las." – Evelyn Beatrice Hall.*

Por que não sentar, entre um gole de café e outro, em um bate-papo cordial, para ouvir as ideias completamente diferentes daqueles que não pensam como nós? Qual a razão para nos cercarmos e apreciarmos apenas a companhia de amigos que pensam muito parecidos com nós? É apenas quando ouvimos juízos diferentes dos nossos que crescemos em nossa própria intelectualidade. Ouvir convicções contrárias às nossas não serve apenas para ameaçar nossas próprias certezas, mas também para aumentar a base de argumentação que fortalece o nosso posicionamento. Um argumento que se sustenta mesmo diante da contrariedade é um ponto de vista que vale a pena manter.

A melhor coisa que pode acontecer para a humanidade é a diversidade e as opiniões opostas, os diversos partidos políticos e as muitas religiões; não importa necessariamente que estejam certas ou erradas, mas sim que enriqueçam o debate; e nenhum filósofo defendeu tanto a liberdade de expressão como Voltaire. Batizado como François-Marie Arouet, em 1694, em Paris, ele decidiu mais tarde mudar o seu nome para algo mais artístico. Provavelmente agiu acertadamente ao assumir o pseudônimo de Voltaire, pois para muitos ficou conhecido como o pensador iluminista mais influente do século XVIII, com uma infinidade de obras publicadas, fato que prova a iluminação de seu gênio. O período do Iluminismo é marcado pela ênfase na razão e na ciência, que ganhava força com descobertas, como a da gravidade, por exemplo, feita por Isaac Newton. Esse período marca uma ruptura com o pensamento engessado e supersticioso, especialmente o da igreja. Voltaire não era de forma alguma contra a religião, tanto que não se considerava ateu, mas sim, *deísta* – crença que aceita a existência de uma inteligência criadora que não pode ser conhecida por nós, que não requer rituais e nem cerimônias, e que não se intromete nos afazeres humanos.

Seu trabalho mais popular aborda de forma racional justamente a crítica que muitos fazem a respeito deste Deus, que se diz bondoso, mas que permite tantas tragédias e calamidades. Em sua obra *Cândido ou o Otimismo*, Voltaire argumenta que o fato de Deus existir não significa que ele interfira em nossos problemas terrenos (deísmo). Seria inclusive uma forma de limitar nossa liberdade Ele querer influenciar em nossas vidas, mesmo que para o bem ou a felicidade. Segundo Voltaire, Deus teria criado o Mundo e as criaturas, e estabelecido as leis que reconhecemos mediante a ciência, depois se retirado para um plano oculto de nossos olhos, dando a nós a total liberdade de fazer da vida o que considerássemos mais apropriado. Com isso, toda nossa interpretação do que é bom ou ruim, o bem e o mal, seriam apenas formas de ver as coisas, e que, se observadas no longo prazo, haveriam de se tornar, em última instância, um bem ou aprendizado valioso.

Entretanto não criticar o trabalho de Voltaire, apesar de agradável e poderosamente convincente (além de libertador), seria limitar a nossa própria autonomia e restringir nosso campo de aprendizado. O uso da razão, pura e simplesmente, pode não ser assim tão interessante como Voltaire supôs, e alguns filósofos inclusive criticam essa postura, como é o caso do canadense John Ralston Saul, que escreveu o livro *Voltaire's Bastards* (sem tradução para o Brasil), no qual relata o estrago que o pensamento estritamente racional pode causar, como vimos em aberrações políticas como Hitler e Stalin, que não viam problema nenhum em dizimar milhões de pessoas a fim de ver um projeto de melhoria social implantado em curto prazo.

Voltaire certamente teria ficado muito feliz com toda e qualquer crítica ao seu trabalho e provavelmente teria nos incentivado a continuar criticando dizendo: ***"Posso não concordar com nenhuma de suas ideias, mas defenderei até a morte o seu direito de expressá-las"***. Quem disse isso, na verdade, foi a sua biógrafa, Evelyn Hall, mas certamente resume a postura de Voltaire, afinal de contas, a verdade, assim como Deus, parece algo oculto de nossa razão, e não basta apenas defender a liberdade dos outros em se expressar, mas também *precisamos fazer o esforço sincero em tentar compreender pontos de vista diferentes*.

O que você acha de dormir agora? Essa necessidade não está aberta para debate. Bons sonhos.

## 1.16 Kierkegaard

*"Quando você me rotula, você me nega."*

O que a Dinamarca pode ter de bom? Muitas coisas. Frequentemente ela aparece no topo da lista dos países mais felizes do Mundo. É um dos três territórios da Escandinávia, que inclui também a Suécia e Noruega; região de onde vieram os *vikings*. A famosa história de Hamlet, de Shakespeare, se passa na Dinamarca. Mais recentemente ela produziu grandes artistas da música, dentre eles o mais popular, Lars Ulrich, baterista do Metallica; o vocalista de heavy metal conhecido por sua extensão vocal, Kind Diamond, também líder da banda Mercyful Fate; e a excelente e genial cantora e pianista, Agnes Obel. Além de tudo isso, talvez você se recorde também do conceituado ator da série de TV Hannibal, Mads Mikkelsen.

Todavia, em minha genuína intenção em tentar descrever esse belo país de paisagens surreais, certamente eu deixei de mencionar uma infinidade de curiosidades importantes, e isso poderia comprometer a imagem real desse local com tantos anos de história e uma população riquíssima em cultura. É desse tipo de perigo que somos alertados pelo filósofo de hoje, quando tentamos reduzir as pessoas a meros rótulos, conceitos e preconceitos. *"Quando você me rotula, você me nega"*. Perdão, Dinamarca, eu não quis lhe rotular, eu quis apenas sinceramente convencer o leitor de que vale a pena voltar os olhos a você.

A gente pede perdão quando está arrependido de alguma coisa que fez. O filósofo de hoje fala muito sobre o arrependimento. Soren Kierkegaard nasceu na Dinamarca, em 1813, e viveu relativamente muito pouco, apenas 44 anos, considerando o tanto de material poderoso que produziu. Na obra *Ou isso, ou Aquilo*, ele basicamente afirma que não importa o que fizermos na vida, sempre iremos nos arrepender de não termos feito alguma outra coisa. Quase como um profeta, Kierkegaard foi capaz de prever a angústia de nossos tempos atuais, em que somos sufocados por uma infinidade de opções de escolhas, onde de repente nos vemos paralisados pela incerteza de não sabermos para onde ir. Não sabemos que profissão seguir; não temos ideia de que universidade escolher; o velho paradigma de casar, ter filhos, e ter uma casinha bonitinha para sempre, nos apavora, não por ser ruim, mas porque poderíamos, ao invés disso, viajar o Mundo inteiro e focar na carreira profissional. São muitas alternativas que se comparadas com a época de nossos antepassados não existiam. Para eles, a perspectiva de futuro sempre estava mais ou menos traçada, e não havia muitas variações possíveis. Ter a total liberdade de fazer o que quisermos pode ser tão aprisionador quanto não ter a chance de optar por nada.

Outro pensamento de Soren, que pode nos ajudar a sair desse impasse, e que é certamente uma de minhas citações preferidas, diz que *"ousar é perder o equilíbrio momentaneamente; não ousar é perder-se"*. Mesmo a liberdade absoluta nos impõe a inevitabilidade de não poder fazer tudo de uma vez só. Contudo, se formos pacientes o suficiente para escolher uma coisa de cada vez, é muito provável que possamos fazer muitas coisas ao longo da vida. Entretanto precisamos ter muito cuidado, pois esse "ao longo da vida" dá a impressão de que temos uma estadia eterna aqui na Terra. Se deixarmos para viver o nosso grande amor apenas amanhã, é muito possível que muitos "amanhã" se passem, e quando nos dermos conta, as oportunidades já terão se esgotado.

Certa vez a minha querida amiga e empresaria, Anaís Warken, disse-me que não devemos olhar para trás e nos arrepender de nossas escolhas, pois isso não serve de nada. Eu concordo com ela, porém eu não posso deixar de negar que às vezes, quando eu penso a respeito de muitas coisas que fiz, arrependo-me profundamente. Todavia é um sentimento muito contraditório, pois se eu tivesse a chance de poder corrigir os meus erros, eu escolheria as mesmas "falhas". Nós somos livres para decidir, no entanto, cuidado, se não escolher por causa da incerteza, isso não quer dizer que não optou, e sim que decidiu não agir, e isso também é uma escolha. Conviva com isso, e tente não se arrepender depois. Ou, arrependa-se, afinal de contas, você é livre para fazer e sentir o que bem entender.

Sonhe que está voando pelas belas paisagens da Dinamarca. Boa noite.

## 1.17 Sartre

*"O inferno são os outros."*

Eu gosto de correr aos domingos de manhã bem cedo, porque não tem quase ninguém nas ruas para me importunar. Ontem não foi diferente. O dia estava lindo e ensolarado. Até o momento em que eu cheguei na praça de esportes para fazer barra fixa. Tudo estava em perfeita ordem: a grama estava aparada, os equipamentos nos seus lugares, e as flores e árvores continuavam exuberantes; entretanto alguém comeu uma caixinha de Bis e deixou o seu lixo espalhado pelo banco e pelo chão. Algumas pessoas são realmente mal educadas! Não conseguem passar por um ambiente sem deixar sujeira. E por pouco eu, "o filósofo cheio da razão", não saio dali depois do treino sem limpar aquela porcaria toda. Aproveitando que eu estava com "a mão na massa", eu já coloquei no lixo um pé de meia suja e algumas carteiras de cigarro que também estavam espalhadas por ali. Não importa o que os outros fazem, isso eu não posso controlar, mas eu posso determinar como eu me comporto e penso.

O viver é a área de estudo do *existencialismo* e também deste filósofo francês nascido em 1905, Jean-Paul Sartre. A primeira coisa que qualquer um de nós percebe quando analisa esse campo da filosofia é que não há como vivermos sozinhos. Até mesmo quando nos encontramos a sós, de repente percebemos a presença desse muitas vezes desconhecido chamado, "Eu". Sartre ficou popular por essa citação genial e sátira, *"o inferno são os outros"*, com a qual logo somos inclinados a concordar, pois, de fato, os outros sempre parecem ser a fonte dos problemas e ignorância no Mundo, mas nunca nós. Entretanto o mesmo Sartre também disse que, *"se você se sente solitário quando está sozinho, então você está em má companhia"*. A filosofia existencial de Sartre quase abre as portas para uma psicologia do autoconhecimento, e nada melhor para conhecer quem nós somos do que confrontar essa realidade com a presença de personalidades diferentes da nossa no Planeta.

É frustrante descobrir que não temos como obrigar as pessoas a compreenderem coisas óbvias como colocar os seus restos de alimento no lixo e não jogar restos de embalagens no chão. Faz parte da liberdade da vida deles agir da pior forma possível. Contudo também faz parte da minha livre escolha optar pela forma de atitude que eu considere a mais apropriada para mim mesmo. Sartre é o defensor da liberdade individual total de fazer cada um de sua própria experiência o que considerar melhor. Para ele, *a existência precede a essência*. Isso quer dizer que a gente não nasce com uma personalidade ou talentos intrínsecos a nós. Cada um tem o livre arbítrio de eleger ser e fazer o que quiser de seu próprio viver.

Nós não estamos falando de uma liberdade reprovável como roubar e matar, pois isso fere o contrato social e os limites do convívio humano, mas sim da liberdade de pensar e definir os caminhos que queremos para a nossa personalidade. É claro que isso não é tão simples, pois, para determinar o que eu quero para mim, é preciso que primeiro eu conheça a mim mesmo muito bem. Essa forma de conceber a experiência humana contraria a filosofia de

Aristóteles, que dizia que cada ser humano nascia com uma natureza de personalidade pré-estabelecida. Sartre vai dizer que nós temos autonomia para ser e pensar o que acharmos mais apropriado para nós mesmos.

De repente a frase "o inferno são os outros" perde a graça quando Sartre nos força a olhar com os dois olhos da razão para nós mesmos e para a grande responsabilidade (liberdade) que temos pela conduta que praticamos. É fácil apontar o dedo e jogar a culpa pelos problemas do Mundo e da minha vida sobre os outros, mas quando adquirimos a consciência filosófica de que, pelo menos em parte, nós também podemos fazer algo para mudar, então as críticas ganham novas perspectivas.

Aos poucos a gente se dá conta de que também é esse "outro" na vida de outras pessoas. É mais cômodo criticar a empresa que não paga o salário que queremos ao invés de admitir a nossa falta de ambição profissional; é oportuno acusar o governo por não fazer nada para melhorar a nossa qualidade de vida, quando nós mesmos não buscamos novas alternativas; e no cônjuge, é muito difícil admitir que nós também deixamos a desejar em muitas ocasiões.

Tudo na vida parece ter sempre duas versões da mesma história, ou pelo menos dois "atores" que interagem, e é muito reconfortante que as coisas sejam assim, pois isso escancara a oportunidade para que nós sempre tenhamos a alternativa de mudar pelo menos aquilo que compete a nós; e mesmo que o universo ao nosso redor seja um "inferno", pelo menos no espaço infinito que resta aqui dentro de nossa cabeça a gente sempre tem a chance de criar um paraíso e de fazer de nossa solidão a melhor companhia do Mundo. O inferno dos outros pode até ser sujo, porém o meu será sempre limpo.

Durma como se estivesse no Jardim do Éden.

# 1.18 Albert Camus

*"Existe apenas um sério problema filosófico: o suicídio."*

O que você diria para alguém que quer tirar a própria vida a fim de convencê-lo de que vale mais a pena viver? Lembrando que ao tentar encontrar argumentos para essa problemática, invariavelmente você correria o risco de acabar se convencendo de que o outro lado é que tem razão. Com isso o tiro poderia perigosamente sair pela culatra.

FILOSOFIA PARA DORMIR

Que a pessoa que comete suicídio o faz porque não suporta mais continuar parece óbvio. O que não parece assim tão evidente é que eles têm para nos ensinar o fato de encontrar uma coragem para levar a cabo a sua meta de autodestruição que a maioria das pessoas não têm para existir. Só porque não temos coragem de nos matar isso não quer dizer que tenhamos audácia para explorarmos todo nosso potencial. Consequentemente, quem se convence de que a vida vale a pena precisa munir-se da mesma força de vontade que o suicida encontra, mas para se jogar com tudo na existência.

Às vezes eu acho que nós temos medo de falar do suicídio, porque, no fim, seremos descobertos em nossa covardia em dar um salto "suicida" em direção de nossos sonhos e ambições. Entretanto o nosso filósofo de hoje não teve receio de se jogar nessa dúvida e dizer que *existe apenas um sério problema filosófico: o suicídio"*. Albert Camus é um pensador perigosíssimo, pois com ele corre-se o risco de ser convencido de que a vida merece ser respirada a plenos pulmões. "Julgar se a vida vale ou não a pena ser vivida é responder à questão fundamental da filosofia". Caso ele nos convença de que vale a pena, seremos convidados a tomar uma iniciativa com relação ao nosso viver. O suicida pelo menos é alguém que se nega a permanecer no estado de angústia extrema; muitos de nós nos acovardamos e não tomamos nenhuma decisão.

Camus nasceu na Argélia Francesa, em 1913. Ele recebeu o prêmio Nobel de Literatura em 1957, e apesar do tema sinuoso que abordou, ficou conhecido como o defensor da vida e da felicidade. A maioria dos filósofos soam rabugentos e pessimistas; talvez isso aconteça por causa de seus próprios insucessos no amor, doenças, infâncias traumáticas, ou simplesmente feiuras físicas; não restando outra opção a não ser filosofar para compensar suas amarguras. Camus, pelo contrário, era um homem elegante, sensual e inteligente. As mulheres sentiam muita atração por ele. Talvez teria sido mais fácil para ele apenas dizer frivolamente: "aproveitem a vida". Mas não; ele queria viver genuinamente.

Albert ficou famoso pelo escrito *O Mito de Sísifo*, que é um ensaio sobre o absurdo filosófico da condição humana em um Mundo cheio de incertezas e sua busca por sentido. Sísifo foi um personagem da mitologia grega condenado pelos deuses ao inferno, e sua punição era rolar uma pedra até o topo de uma montanha. Sempre que finalizava a tarefa, a pedra rolava de volta para baixo, e Sísifo era obrigado a fazer tudo outra vez, em um processo infinito de tédio e esforço para absolutamente nenhum fim específico. Você poderia se revoltar e perguntar por que Sísifo simplesmente não parava de fazer isso? Mas então Camus poderia lhe perguntar de volta: por que você também não decide parar de rolar montanha acima as pedras de sua própria rotina enfadonha todos os dias quando acorda, apenas para vê-las todas rolar de volta montanha abaixo quando a noite chega?

Filosofar é temível, certo? Mas sabe o que mais é arriscado? Viver. Com Camus, nós aprendemos que temos três opções: suicidar-se; escolher de fato viver com tudo; ou fazer de conta que nada está acontecendo e continuar rolando a pedra morro acima. Caso seu emprego esteja insuportável, isso não quer dizer que você precisa se matar ou abandonar tudo. Existe a alternativa viável de se atirar com vontade e amor em sua rotina. O mesmo vale para os relacionamentos afetivos. Decida viver com intensidade; escolha trabalhar com vibração; determine-se a salvar o seu casamento; tome a iniciativa de voltar a estudar. Viva mais. Vá a eventos que lhe façam bem. Fique em casa. Namore. Termine. Chore. Ame. Sofra. Perdoe. Assuma uma atitude. Só não deixe a peteca cair.

Tenha um sono profundo; durma como uma pedra.

# 2

# PEGANDO NO SONO ASSISTINDO TELEVISÃO NO SOFÁ

Quem de vez em quando se propõe a assistir algum filme e acaba dormindo no meio sabe como é boa essa sensação. Alguns já se programam, quem sabe em um domingo à tarde, para uma atividade assim, só pensando no cochilo que poderão tirar. Outros caem no sono em frente à televisão todos os dias na hora da novela, e se você desligar o aparelho enquanto dormem, eles são capazes de acordar enfurecidos, queixando-se pelo fato de você ter interrompido a sua programação. Não tão felizes assim são aqueles que tentam lutar contra o feitiço invencível da vontade de dormir quando querem de fato acompanhar o que está passando na tela ou até mesmo ler um bom livro.

Nunca vou esquecer do dia em que estava no cinema com meus amigos convicto de que iria assistir ao filme dos Simpsons. Um pouco antes da metade eu comecei a sentir um peso de toneladas sobre as pálpebras dos olhos muito difícil de resistir. Até tentei lutar por alguns minutos, porém era como se eu fosse um boxeador amador tentando vencer um oponente profissional. Em pouco tempo de combate eu fui nocauteado sem qualquer chance de defesa.

Cochilar em frente à televisão em casa é um deleite sem culpas, porém fazê-lo no cinema é mais difícil, pelo fato de estarmos pagando caro para simplesmente tirar uma soneca. Sem falar no risco que corremos de roncar e passar vergonha em uma sala lotada. Fato é que dormir é bom demais quando estamos com intensa vontade de fazê-lo, especialmente quando temos a liberdade de nos entregar sem risco de dar vexame.

Com o tempo as telas e eu passamos a não nos entender mais muito bem. Talvez por eu nunca ter aceitado o fato de elas frequentemente me colocarem para dormir, especialmente em salas de cinemas, uma vez que isso veio a se repetir muitas outras vezes, após o fatídico ocorrido com os Simpsons. Brincadeiras à parte, a verdade é que "as telas de nossa vida" podem ser uma fonte de experiências positivas, bem como de tantas outras influências perigosamente negativas.

Nossa mente é como uma esponja que absorve todo o líquido de informação que é colocado em contato com ela, e produz reações emocionais como se estivesse diante de fatos reais, mesmo sabendo que o que vê não passa, muitas vezes, de mero entretenimento. Você percebe isso quando fica com medo ao ser exposto a imagens de terror em um filme, ou quando chora diante da TV por um cachorrinho fofinho que morre para salvar o dono, mesmo sabendo que o peludinho não morreu de verdade. Sem falar dos romances que partem o nosso coração e que de tanto se repetirem em forma de narrativa acabam fazendo com que todos acreditemos que existe um amor de cinema esperando por nós na vida real.

Quando o assunto apresentado é inofensivo isso pode ser divertido e até inspirador, entretanto, quando o conteúdo é deletério isso pode ser prejudicial, e você há de concordar comigo que o que as mídias em geral têm a nos oferecer não é da melhor qualidade para a nossa saúde psíquica. Pense na quantidade de estímulos visuais e auditivos a que somos expostos carregados de vocabulários pesados, cenas violentas, preocupações constantes com política e tragédias, terrorismo e doenças.

Com isso temos nos tornado um paradoxo de ativistas sociais extremamente preocupados com as mazela do Mundo, ao mesmo tempo em que somos meros expectadores inertes ao show de horrores que acontece diante de nossos olhos.

Quando ainda muito jovem, em uma época em que fitas de VHS (*Video Home System*) ainda existiam, e era comum alugar filmes em locadoras, nunca me esquecerei do dia em que trouxe para casa um filme de ação repleto de violência, com um dos atores mais famosos da época e por quem eu tinha grande fascinação. Inocentemente eu convidei meus pais para compartilharem comigo de minha experiência. Bastou apenas alguns minutos para minha mãe interromper a transmissão com protestos de que aquilo era muito intenso para uma criança de 10 anos. Eu não preciso nem dizer o quão chateado fiquei com aquela reprimenda.

Todavia, hoje em dia, quando paro e penso, dou-me conta do absurdo daquele acontecido. Eu era uma criança muito jovem e já acostumada com cenas agressivas que eram projetadas na minha retina. Meus pais, que eram pessoas humildes e dedicavam a maior parte de seu tempo ao trabalho e afazeres domésticos, haviam tido pouquíssimo tempo ao longo da vida para serem educados no entretenimento americano de alta brutalidade artística e foram surpreendidos com o abuso indiscriminado à inocência e à pureza infantil que aquele filme estava causando.

Você pode discordar de minha boçalidade e considerar isso um fato risível, mas a pergunta que eu proponho para filosofarmos é: quanto de escolha consciente nós temos feito a respeito das informações que estamos permitindo que atravessem nosso canal visual para se instalar dentro de nosso cérebro? Será que estamos depositando volumes de informações valiosas, ou apenas alguns centavos em forma de conhecimento pouco relevante, e frequentemente extremamente prejudicial?

No livro *Admirável Mundo Novo*, revisitado com comentários do autor, Aldous Huxley fala de experimentos psicológicos que revelam a suscetibilidade de aceitação de sugestão em estados de consciência mais vulneráveis, especialmente quando estamos cansados, logo antes de cair no sono, ou quando somos torturados e agredidos em nossa condição física e psíquica.

O livro de Aldous aborda, em forma de entretenimento, a possibilidade perniciosa de manipulação do ser humano por meio de sugestão e programação consciente e inconsciente para agirmos em conformidade com os desejos de uma força externa, sejam elas empresas ou governos. Em nossa realidade cotidiana isso acontece, por exemplo, quando nós somos constantemente bombardeados por informações, propagandas, telejornais, conteúdos de redes sociais, e até mesmo em conversas que temos com pessoas de nosso círculo de relacionamento, que visam induzir nosso comportamento.

Nós não filtramos criticamente e racionalmente os dados que se apresentam a nós nem mesmo em nosso estado de consciência mais lúcida, imagine então em momentos de cansaço e relaxamento, em que muitos sem perceber a vulnerabilidade em que se encontram, permitem ser induzidos e "educados" em momentos de alternância entre consciência e inconsciência ocasionados pela sonolência em frente da televisão ou aparelho de celular, quando exaustos depois de um dia de trabalho, ou logo antes de deitar.

Quem sabe por causa do "trauma" experimentado com a reação surpreendente de minha mãe quando eu era ainda apenas uma criança, já faz mais de anos que não assisto televisão. Minha casa não tem sequer um aparelho. Filmes eu evito assistir. Reluto à necessidade esporádica de ir ao cinema para socializar. Ainda tento encontrar uma estratégia harmoniosa para fazer o melhor uso possível das redes sociais; no entanto confesso que é muito difícil resistir à tentação.

Não faço isso puramente por ser contra as mídias de conexão e programas televisivos, pois reconheço que há muito mais propostas positivas do que negativas, faço-o por optar por alternativas que considero mais saudáveis para a minha construção intelectual e emocional. Procuro dedicar o tempo disponível para a meditação, a leitura, esportes, caminhadas, conversas com as pessoas que eu amo, etc.

Um exemplo cômico que acontece é quando recebo amigos em casa; todos ficam chocados com a ausência do "retângulo mágico" na sala de estar. Com a ausência da televisão, as visitas e eu sempre somos obrigados a fazer algo absurdamente diferente e complexo: conversar.

Falando assim pode parecer fácil adotar essa postura, ou também pode passar a impressão de que eu simplesmente não gosto das mídias de entretenimento. Muito pelo contrário. Eu amo qualquer programa de televisão, especialmente as séries de TV, e justamente esta é a armadilha. Todos os programas e aplicativos eletrônicos seguem uma receita de bolo perfeitamente apetitosa para captar a nossa atenção e sugar as nossas energias até o último neurônio. Basta, por exemplo, apenas alguns minutos acompanhando a qualquer série de TV para estarmos vidrados até o final, muitos episódios e horas depois.

Infelizmente meus pais não foram capazes de aprender a lição que eles mesmos me ensinaram. Com o tempo eu fui perdendo a atenção deles para as novelas e telejornais cada vez mais geniais na arte de entreter que competiam comigo pela curiosidade deles. Eu nunca tive a mínima chance contra a caixa de imagens fantásticas e sonoras que sempre sentava conosco todas as noites durante o nosso único momento de "interação familiar".

Não são apenas meus queridos pais que vivem essa realidade, e o que antes era apenas o perigo da televisão, hoje se transformou em aplicativos de celular, jogos de computador, notebook, *YouTube* e infinitas opções de lançamentos nos cinemas. Ao que tudo indica a mutação eletrônica de entretenimento continuará se aprimorando para infectar cada vez mais mentes.

FILOSOFIA PARA DORMIR

Chega a ser cômico observar o resultado de uma vida vidrada nas telas. Nós acabamos nos tornando "robôs" fáceis de serem controlados. Basta mudar a programação da mídia (os assuntos de foco semanal) que as conversas das interações sociais se voltam para aquele novo tópico do momento. É curioso observar na prática o que acontece quando se é educado e informado por meio das mídias de entretenimento e dados, e ser simplesmente conduzido a pensar e comportar-se de uma determinada maneira. Nós nem percebemos que isso é imposto sobre nosso comportamento.

Para você ter uma ideia da seriedade do que estamos falando e do poder educativo e controlador que as mídias exercem sobre nós, proponho o seguinte exercício filosófico: tente recordar de como é o layout da sala de estar na casa de todas as pessoas que você conhece e das que você lembra de ter visto nos filmes. Você perceberá que todos são iguais: sofás em torno de uma televisão com uma mesinha de centro.

Pelo que me recordo, nunca nos disseram que todas as casas deveriam obrigatoriamente respeitar o mesmo padrão. Logo, se nós não estamos decidindo conscientemente como deve ser o layout de uma peça de nossa residência, imagine o pouco de decisão consciente que estamos colocando no layout de nossa identidade pessoal e de nossa vida em um contexto mais abrangente.

Muitos chegam ao ponto de ter uma televisão dentro do quarto. Outros, inclusive eu, muitas vezes, levam o celular para a cama a fim de navegar nas últimas curiosidades que ainda podem aparecer, ou de alguma mensagem que podemos receber, enquanto o sono não chega. Pessoalmente falando, meus inimigos mais poderosos são o computador e o *Youtube*. Livrei-me da televisão, porém enquanto celebrava, fui pego desprevenido por outro lado.

Quando levanto essas questões com amigos e leitores, frequentemente ouço a argumentação de que todos nós, após um dia cansativo de trabalho, temos o direito e precisamos de alguma forma de relaxamento e entretenimento fácil. E eu tenho de convir que esse é um argumento bastante válido.

A televisão, o computador e os celulares têm o poder de estimular nossa atividade cerebral que seriam pouco recomendadas para momentos antes de dormir. Ler e conversar são calmantes muito mais sugeríveis para nos preparar para uma boa noite de sono. Raras são as pessoas que têm disposição para ler ou conversar ao final do dia. Tudo o que queremos é sentar em frente da televisão e assistir qualquer coisa que nos faça esquecer da realidade sem esforço por algumas horas.

É muito mais fácil deixar qualquer equipamento eletrônico fazer por nós todo o trabalho pesado de pensar, que é inegavelmente uma atividade que exige esforço. Ler exige de nossa mente uma habilidade de imaginar e memorizar que dificilmente venceriam em uma queda de braço contra qualquer tecnologia avançada de entretenimento descomplicado. E com isso está fechado o círculo vicioso que será difícil de ser quebrado.

Ler e conversar são de fato atividades que exigem concentração e imaginação, e que confessadamente causam um "terrível" sono muitas vezes. Abdicar de aparelhos eletrônicos pelo menos duas horas antes de dormir certamente pode ter o mesmo resultado que sentimos quando comemos um maracujá (pelo menos comigo essa fruta deliciosa tem o efeito mágico de um poderoso sonífero).

Não dediquei esse espaço do livro com o fito de unicamente criticar algumas das mais belas invenções da humanidade, que certamente são as tecnologias de mídias em suas mais variadas opções. O intuito dessa "pausa" em nossa leitura foi o de nos trazer à superfície da consciência de que temos a possibilidade de fazer escolhas com relação ao tipo de informação que selecionamos para alimentar a nossa psique e por que meios elas entrarão em nossa vida.

Não defendo que todos sejam alienígenas vivendo na Terra como eu, sem televisão. Certamente há um exagero de minha parte ao agir assim. Bastaria termos noção de que podemos escolher diferentes formas de passatempo para diferentes ocasiões e que precisamos fazer mais uso de nossa vontade intencional para optar com mais autoridade e discernimento a respeito do tipo de conteúdo que permitimos entrar em nossa razão para que não sejamos apenas carrinhos de controle remoto vulneráveis de uma manipulação que nos joga de um lado para o outro.

Todo esse discurso não pode nos levar a concluir que o Mundo é perigoso e que a vida é uma ameaça. Minha percepção mais racional me faz crer que o nosso momento existencial é o melhor período que a civilização já conheceu. Atualmente temos acesso ao conhecimento como nunca antes nos anais da história, e isso é maravilhoso. Há pouco tempo não existia a internet que nos permite depois de apenas alguns cliques encontrar a resposta para quase qualquer pergunta.

Antigamente o acesso à instrução era restrito à elite e aos centros religiosos, e apenas uma pequena minoria da população tinha acesso a uma dessas duas possibilidades. Hoje em dia as coisas mudaram radicalmente. Ainda não é o número ideal, mas dados indicam que pouco mais de 50% da população mundial dispõe de internet. Isso quer dizer que mais da metade da população tem acesso a praticamente toda a informação disponível no Mundo. Entretanto ter alcance a todo conhecimento viabilizado não quer dizer estar informado.

Não seria preciso todo este capítulo para convencer a você, leitor, de que a escolha por ler qualquer obra literária ou bater um papo com quem amamos (ou apenas sentar e meditar) minutos antes de ir dormir é muito mais salutar do que qualquer outra opção.

Como exercício meditativo para pensar antes de dormir, fica a provocação intelectual de perceber o quanto de intenção nós temos verdadeiramente exercido com relação à qualidade dos conteúdos que permitimos atravessar nosso canal de filtro intelectual e até mesmo com que perfil de pessoas nos relacionamos e que inevitavelmente exercem influência sobre nossa forma de agir. Será que estamos optando pelas melhores possibilidades?

Amanhã, quando acordar, procure pensar a respeito dessas questões e, como forma de exercício prático, tente, apenas por um dia, manter-se o máximo possível desconectado de qualquer forma de interação virtual, realizando apenas o necessário das atividades que a sua rotina exige. Ao fazer isso, tente perceber quem está no controle de sua própria vida. Será que a sua vontade sobrepujará a sua urgência em olhar apenas mais uma vez o celular?

Se você está deitado ao lado de alguém que compartilha de sua vida íntima, não vá dormir sem antes exercitar algum gesto de afeto e carinho. E se você já está quase caindo na armadilha do sono, sinta-se mais do que à vontade para se render agora.

Eu recomendo que você assista aos Simpsons, afinal de cont ... coméd ... smepmp ... ZZzzz ... zz

## 2.1 Platão

*"Os que não têm experiência da sabedoria e da virtude são levados para baixo."*

Platão é o grande filósofo das formas transcendentais. Ler os seus tratados pode ser um desafio intelectual um pouco acima apenas da razão lógica, pois é como se a todo o instante ele estivesse nos desafiando a ver algo que não pode ser compreendido apenas com os "olhos". É como se ele quisesse falar de algo que nem ele mesmo visualizava, mas que ele sabia que estava lá. Esse é, sem dúvidas, um filósofo que nos convida a sairmos de dentro de nós mesmos. Para onde nós vamos pouco importa em um primeiro momento. O que interessa de verdade é que saiamos do mundo da caverna na qual nascemos e descubramos cada um a nossa própria verdade, luz e identidade.

Platão é famoso no cotidiano pela ideia do amor platônico, em que uma pessoa ama alguém acima de suas possibilidades, em segredo, com um desejo que parece inalcançável. Hollywood beneficiou-se desse conceito distorcido da filosofia de Platão e ganhou muito dinheiro, enquanto garantiu que muitas pessoas continuassem presas a uma ideia de amor completamente irracional. Enquanto não conhecerem os preceitos de Platão, as pessoas nunca sairão dessa gruta obscura e infeliz. Em sua obra, *A República*, ele oferece um belo ensinamento que serviria de degrau para ajudar a sair da escuridão de nossa ignorância, que ficou conhecido como a alegoria da caverna. Nela, Platão ensina que as pessoas nascem dentro de buracos conceituais e se acostumam com uma realidade apenas de sombras projetadas em uma parede a partir da luz que vem de fora dessa habitação limitada.

Pessoas curiosas e destemidas como os filósofos teriam coragem e ação suficientes para sair desse espaço inferior e ver a luz do dia e as formas como elas são de verdade, em sua essência, e não apenas figuras imperfeitas projetadas como silhuetas de sombras em uma parede. É claro que ver a luz do dia pela primeira vez dói nos olhos de quem não está acostumado, assim como enxergar a verdade nua e crua pode doer nas vistas de quem estava há muito tempo habituado com a mentira. Por exemplo, para alguns, pode ser dolorido descobrir que a ideia de amor romântico vendida por Hollywood é uma ilusão, e de que na vida real e colorida fora da pedra, o amor de verdade requer sofrimento e superação, e principalmente o reconhecimento de que ninguém é perfeito ao ponto de merecer um pedestal de admiração. Ou ainda, nem todos precisam viver um amor romântico; é possível também optar por viver sozinho.

No entanto Hollywood não foi apenas desserviço com relação ao trabalho do filósofo, visto que também foi capaz de produzir obras cinematográficas dignas de um tratado filosófico ao nível de Platão. Ele teria ficado surpreendido com a capacidade humana de não apenas sair da caverna, mas também de imaginar uma luz tão brilhante fora dela. O filme *Matrix* é um belo exemplo disso. Filme esse criado pelas irmãs Wachowski, que são transgêneras e servem de belo exemplo do que transcender paradigmas pode significar.

Existe também o filme *A Ilha*, com Scarlett Johansson, baseado no livro do escritor Aldous Huxley, autor que ficou popular com o excelente livro *Admirável Mundo Novo*. Outro excelente filme é *o Show de Truman*, com Jim Carrey. E por último, o livro de José Saramago, *A Caverna*. Só cuidado para não ficar dentro do covil ao viciar em filmes e livros que prendem nossa atenção e nos fazem perder a noção da realidade, pois a frase de hoje, para Platão, vai além do que inicialmente proposto, e diz que:

> *os que não têm experiência da sabedoria e da virtude, que estão sempre em festas e entretenimento, são levados para baixo e por aí andam errantes sem jamais ultrapassar esse limite, sem erguer os olhos ou elevar-se até o verdadeiro alto, nem se encher do verdadeiro Ser, nem provar o que é um prazer sólido e puro.*

O problema da caverna não é que ela seja escura, fria e úmida, e sim que ela pode ser muito aconchegante e quentinha, com pipoca e refrigerante.

O desafio para pensarmos hoje é a proposta de ficarmos sem assistir televisão por uma semana e usar o tempo disponível para aprender algo completamente diferente, ou passar esse tempo com alguém que amamos, conhecendo mais profundamente a respeito dela.

Agora apague a tocha e durma no aconchego de seus pensamentos em forma de sonhos.

## 2.2 Picasso

*"A inspiração existe, mas deve nos encontrar trabalhando."*

Quando eu ouvi a seguinte narração em um documentário, lembro-me de ter ficado pasmado, assim como fico ainda hoje ao recordar. O narrador contava que para desenvolver uma das obras mais revolucionárias da história da arte Picasso passou nove meses trancafiado em seu estúdio e com base em achados posteriormente encontrados, calcula-se que tenha feito mais de 800 tentativas antes de presentear o mundo com o resultado de todo o seu esforço: *Les Demoiselles d'Avignon*. Mesmo na época, conhecendo pouco da vida do artista, eu sempre soube que ele era um gênio, mas foi naquele instante que eu compreendi o que significava ser digno de receber esse título. Pessoas geniais são aquelas dispostas a dedicar a sua própria vida em trabalho por amor à sua obra.

Pablo Picasso nasceu em 1881 e viveu até 1973. Ele foi o mais bem-sucedido e rico artista de sua época, alcançando todo o seu prestígio ainda em vida. Aventurou-se pelas vias artísticas da pintura, escultura, cerâmica, poesia e dramaturgia. E poderíamos dizer que deixou sua marca até mesmo na moda, afinal de contas, o estilo de camiseta com listras horizontais brancas e azuis ainda é associado a ele. Além de tudo isso, também ficou muito conhecido por sua poderosa e insaciável habilidade de amar; sua vida foi pontuada por mudanças bruscas e marcantes nas artes e em suas paixões amorosas. Se alguém soube viver a máxima da necessidade da mudança, esse alguém foi Pablo.

No começo do século XX, o Mundo passava por uma revolução tecnológica nunca antes vista. Naquele miraculoso novo universo da eletricidade, aviões, fotografias e filmes, as antigas formas de pintar, que simplesmente criavam uma cópia da realidade, pareciam obsoletas para Picasso. Ele sabia que havia chegado o momento crítico de se reinventar, ou seria apenas parte do passado atropelado pela revolução. Picasso foi um gênio, porque ele não ficou preso ao conceito paradigmático de artista convencional e soube fazer-se moderno em um momento em que tudo estava mudando rapidamente ao seu redor. O momento derradeiro veio quando um amigo lhe mostrou uma imagem produzida com uma câmera fotográfica. A partir desse episódio Picasso percebeu que seria preciso que o artista revelasse mediante a pintura algo muito mais profundo e até mesmo provocativo do que apenas cópias perfeitas do mundo.

A empresária brasileira Cristiana Arcangeli parece ter captado muito bem a essência desse período, ao dizer em uma entrevista que, *"quanto mais inteligente a gente é, mais rápido nos adaptamos às mudanças"*. Só não nos iludamos, a definição de gênio não pode ser dissociada da necessidade de trabalho árduo, conforme as palavras do próprio Pablo: *"a inspiração existe, mas deve nos encontrar trabalhando"*.

Quer tivesse apenas pintado como regia a regra acadêmica, mesmo que com maestria, Picasso teria sido apenas mais um. Para ter uma ideia dessa reviravolta, compare a evolução das três pinturas da fase do *Cubismo*: *Les demoiselles d'Avignon,* de 1907; *Girl with a Mandolin,* de 1910; e *The Accordionist,* de 1911. Entretanto mudar implica correr o risco de falhar miseravelmente e ele poderia ter se deparado com uma crítica ferrenha, que poderia ter colocado todo o seu trabalho e sucesso no esquecimento. Isso me faz lembrar a pichação em um container aqui perto de casa, no qual se lê: *"arte não é só talento; sobretudo coragem"*. Picasso teve ambas as coisas de sobra.

Picasso era um apaixonado pela vida, pela arte e pelas mulheres. Ele jogava-se de cabeça em todos os seus projetos, como um touro de sangue quente que tenta acertar com os chifres a bandeira vermelha tremulante na mão do toureiro. O touro não sabe que vai morrer; só importa seguir a força propulsora da paixão que cega e que também faz ver de um jeito completamente transformador. Em que área de nossa vida precisamos urgentemente mudar sem medo de errar e sofrer? Decida amanhã sobre alguma mudança em sua vida. Quem sabe uma tatuagem, um emprego diferente ou um novo amor?

Sinta-se hipnoticamente atraído pela bandeira tremulante do sono diante de seus olhos.

## 2.3 Andy Warhol

*"A beleza está nos olhos de quem vê."*

Se a nossa proposta é misturar filosofia com arte e música, então ninguém melhor do que Andy Warhol para nos ensinar como fazer isso. Sem qualquer cerimônia, ele ainda nos convida a conhecer o mundo da indústria e do show business, pois, ao fim das contas, tudo se mistura em uma apresentação artística e empreendedora, que revela um dos grandes mistérios filosóficos: como fazer da vida um show que valha a pena viver?

O nome Andy Warhol soa como uma marca, isso porque ele mudou o seu registro, que antes era Andrew Warhola Jr. Uma mudança sutil que parece ter feito toda a diferença. Essa é uma das capacidades de um artista: ter sensibilidade para compreender que pequenos detalhes podem surtir grande impacto. E não são apenas as pequenas mudanças que fazemos no mundo exterior que podem modificar toda a nossa percepção, porém as transformações que fazemos em nossa própria maneira interior de inter-pretar os fatos também alteram tudo à nossa volta. Essa foi quem sabe a maior contribuição de Andy para o público. Ele nos ensinou que tudo pode ser uma expressão artística. Basta que olhemos atentamente e veremos.

Mesmo um supermercado pode ser uma galeria de exposição de arte. Uma empresa pode se revelar um grande artista por meio das embalagens que cria para chamar a atenção do cliente. O problema é que nós quase sempre passamos muito rápidos pela vida e não percebemos a beleza constante em nosso entorno.

Andy nasceu nos Estados Unidos, em 1928, e seu projeto de vida foi tornar a arte um ícone de luxo acessível a qualquer pessoa, assim como uma garrafa de Coca-Cola pode ser encontrada em qualquer esquina e comprada por qualquer um. Ele foi tão bem-sucedido em seu projeto que hoje eu tenho em minha casa, no sul do Brasil, uma latinha de sopa Campbell, que comprei em um mercado próximo da minha residência. A lata de sopa foi fabricada por alguma empresa americana, mas o conceito de expressão artística imortalizada nas 32 latas de sopa Campbell, de 1962, foi concebido por Andy.

Nós não precisamos ir ao mercado apenas para comprar; nós podemos ir para admirar tudo o que a criatividade e a capacidade humana são capazes de produzir. Não usar essa habilidade inerente a cada um de nós pode tornar a vida perigosamente sem graça. Muitas pessoas vivem uma vida sem cor, porque não exercitam a habilidade de compreender que "*a beleza está nos olhos de quem vê*". E para quem não for capaz de ver encanto em um produto no mercado, ou em uma bela flor, nunca será capaz de compreender a exuberância da vida, ou a relevância de um quadro caro em um museu. Andy nos ensinou isso.

Seus ensinamentos não pararam por aí. Ele queria que todos nos tornássemos criadores e celebridades. Para ele, qualquer pessoa poderia se tornar um artista. Existe uma estrela dentro de cada um de nós. Até mesmo um empresário pode ser um artífice criativo quando coloca esmero e paixão em seu trabalho. Nem mesmo pessoas dormindo escaparam dos olhos atentos de Warhol, quando foram filmadas por horas a fio enquanto sonhavam. Deveria de ser insuportavelmente entediante assistir a um filme de seis horas de alguém apenas repousando; mas quem disse que a arte não pode estar até mesmo no sentimento de tédio que precisamos aprender a apreciar?

O exercício filosófico que iremos praticar será tão excêntrico quanto a peruca prateada que Andy usava (e ele agia como se nada de curioso estivesse acontecendo). Convido-lhe a, amanhã, apenas visitar um supermercado, sem comprar nada. Apenas percorra todos os corredores, prestando atenção a qualquer produto ou embalagem que convidar a admiração de seus olhos. Warhol chegou a gravar um vídeo fazendo compras e outro comendo um hambúrguer, porque ele queria que aprendêssemos a apreciar os momentos da vida com atenção e calma, assim como fazemos quando paramos diante da *Mona Lisa,* no Museu do Louvre.

Dormir também é uma arte e você é o artista.

## 2.4 Henri Matisse

*"A vida pode ser colorida, apesar de qualquer coisa."*

Eu sempre achava que a filosofia só podia ser feita com palavras complexas, até descobrir que imagens simples podem revelar não apenas pensamentos, mas também emoções. Por muito tempo eu acreditei que a arte de pintar era uma técnica para artistas sérios e metódicos, até conhecer pintores que viveram para desafiar todos os limites e paradigmas do possível.

Dizem que uma das melhores formas de descobrirmos a nossa verdadeira vocação é olhando para o passado e tentando recordar o que gostávamos de fazer quando criança. É possível que se fizéssemos esse exercício filosófico de retornar alguns passos na memória, ninguém mais sofreria do tédio de viver para algo que não nasceu para ser.

Matisse foi tão profundo em sua volta às origens, que a sua última expressão artística em vida foi a quase infantil simples arte do recorte e colagem, assim como as crianças fazem; e quando deparamo-nos com esse trabalho, é impossível não sentir as lágrimas umedecerem nossos olhos, na lembrança de quem um dia fomos, e que, na verdade, nunca deixamos de ser.

Henri Matisse é o mestre das cores. Entretanto se visse onde ele nasceu, em uma pequena cidade no interior da França, em 1869, você ficaria surpreso com a falta de brilho e a simplicidade do lugar. O primeiro limitador de nosso potencial interior pode ser o ambiente onde nascemos. A primeira lição que aprendemos com Matisse é a de que é preciso compreender que as cores da vida residem dentro de nós, em nossa imaginação, apesar de como as paisagens possam parecer apagadas e pouco coloridas do lado de fora.

Os pais dele tinham uma loja de sementes, e nada indicava que ele seria um pintor, e muito menos famoso. Se você fosse capaz de ver a paisagem da janela do quarto de Matisse, você não teria muita perspectiva das possibilidades do mundo. Acontece que desde pequeno Matisse era um sonhador, e o que o horizonte não era capaz de oferecer em termos de esperanças, a sua mente criativa mais do que compensava com ideias coloridas.

Ele teve depressão aos 19 anos, sem saber que caminho trilhar na vida. Nessa época, a mãe dele lhe presenteou com uma caixa de pincéis. A partir de então, ele soube exatamente o que queria. Ele começou quando poderia ser considerado muito tarde para alguém que logo depois viria a se tornar um grande pintor. Ele foi um artista financeiramente falido no começo de sua carreira, e trabalhou furiosamente por 15 anos aperfeiçoando sua técnica. Mas quando ele encontrou a sua "voz", o mundo sem brilho do lado de fora dificilmente lembraria o universo que víamos nas pinturas que ele criava.

Aos 72, ele foi diagnosticado com câncer e a debilidade não permitiu que continuasse pintando como antes. Quando ele iniciou sua produção de recortes, os críticos não o levaram a sério, considerando seu novo projeto artístico como o trabalho de um velho decrépito que começava a perder o contato com a realidade. As pessoas achavam que o resultado era infantil e apenas decorativo, e que certamente não deveria ser respeitado. Um examinador mais acintoso, inclusive, chamou as novas obras de piadas de papel.

Hoje em dia ninguém lembra o nome daqueles avaliadores, mas qualquer pessoa levemente interessada por arte conhece o lindo trabalho de Henri, que não abandonou o amor pelas cores nem mesmo depois de idoso e fisicamente debilitado. De nada vale viver se não podemos existir fazendo o que amamos. Ele ensinou-nos com o seu exemplo de luta silenciosa que *"a vida pode ser colorida, apesar de qualquer coisa"*.

Mas se ele tivesse apenas vivido de sonhos que nunca tentasse realizar, ele teria sido uma pessoa frustrada. Depois de idoso e doente, Matisse teve que se reinventar para continuar produzindo e vivendo. Não existe idade para darmos vida aos nossos planos. Só é tarde para começar para aqueles que já morreram. Qual a fantasia que você gostaria de viver? Reflita e batalhe por esse ideal colorido.

Que a sua noite seja uma fantasia com sonhos coloridos de matizes.

FILOSOFIA PARA DORMIR

## 2.5 Giordano Bruno

*"Só o amor constrói pontes indestrutíveis." – Chorão (Charlie Brown Jr.).*

Os artistas dão a própria vida por sua arte para que as pessoas possam viver livremente por meio dela. A morte é um passo pequeno para quem está acostumando a pensar na eternidade. A filosofia e a arte têm o poder de unir as pessoas a partir do pensamento que atravessa gerações e que pode viver pelo tempo infinito. Apesar de nós não ficarmos muito tempo na existência, a vida em si é eterna, e o nosso trabalho, quando feito com amor, torna-se imortal.

Quando a voz do cantor Chorão, da banda de rock brasileira Charlie Brown Jr, soou no rádio, ele já havia partido há alguns anos, mas a sua adorável poesia em forma de letra de música continuará enviando a sua positividade e emoção ao longo das gerações vindouras, pois *"só o amor constrói pontes indestrutíveis"*. Assim também foi com o filósofo Giordano Bruno. A morte é um fato inexorável, mas ser destemido para escolher morrer por aquilo que se acredita e por amor à mensagem que nos é confiada é uma opção que alguns indivíduos fizeram ao longo da história e a ponte que eles construíram com o seu amor jamais será destruída.

Religião e filosofia às vezes se misturam no caminho da busca pela verdade. Giordano Bruno foi um religioso italiano ávido por ouvir a voz do conhecimento puro. Entretanto a Igreja Católica do século XVI não estava disposta a ouvir a verdadeira sabedoria. Jesus, quando veio ao Mundo, foi rejeitado tanto pela autoridade política quanto religiosa de sua época. A autoridade católica dos anos de 1500 representava os dois poderes juntos e, assim como não aceitou a mensagem libertadora de Cristo lá atrás, também não aceitaria agora as ideias inspiradas de Giordano.

Quando Bruno lia a Bíblia, ele percebia que a interpretação que a igreja fazia de Deus era limitada, e, em alguns casos, errada. Para Giordano, Deus, em sua infinidade, tinha criado o universo também infinito, bem como vida em outros planetas. Se analisássemos os motivos que levaram à sua condenação naquela época, veríamos que seus pensamentos ainda hoje são proibidos.

Jesus foi condenado por questionar as verdades impostas pela religião de sua época e a sua mensagem havia sido de amor e de perdão. A mesma igreja que se dizia representar Jesus Cristo condenou Giordano à morte mediante a Inquisição Romana. Os livros e pensamentos de Giordano foram acusados de heresia. Ele foi conduzido até Roma e ficou preso, e foi torturado durante oito anos, porém nunca abdicou de suas revelações, pois acreditava que se o fizesse estaria indo contra a sua fé em Deus.

No ano de 1600, Giordano é condenado à morte na fogueira. Ele foi queimado de cabeça para baixo e com um pedaço de madeira na boca para que não pudesse falar. Como ato de misericórdia, foi colocado um saco de pólvora ao redor de seu pescoço, para que explodisse com o calor e acelerasse o processo de sua condenação, "amenizando o sofrimento". Como é possível que uma entidade que se dizia representar o mensageiro do amor e do perdão fosse capaz de um ato de tamanha brutalidade contra alguém que defendia o poder infinito de Deus?

Sócrates, Jesus, Giordano, e tantos outros, foram sentenciados à morte por seus pensamentos sem jamais terem feito mal a ninguém. Pensar é um ato perigoso para quem se permite praticá-lo ainda hoje. Extremistas religiosos continuam condenando e tirando a vida daqueles que não pensam como eles. Todavia o ódio não consegue derrubar as pontes indestrutíveis do amor. A mensagem de Cristo ganhou força depois de sua morte, assim como o nome de todos aqueles que morreram condenados pela Igreja Católica. A verdade não pode ser abafada nem pelo cessar da vida humana. Nosso corpo pode ser reduzido ao pó, mas a vida em si, a verdade e o amor são eternos.

O cantor Chorão ainda nos presenteou com mais um lindo pensamento: *"não menospreze o dever que a consciência te impõe"*. Quer sejamos bons ou maus, um dia nós morreremos. Entretanto só a ponte do amor é indestrutível e eterna. O desafio filosófico de hoje e amanhã é compreender o poder do amor mediante o perdão mesmo de quem talvez nos odeie. Quem a sua consciência diz que você deve perdoar?

Já é noite. Feche os olhos e atravesse a ponte da consciência para o outro lado da vida.

## 2.6 Galileu Galilei

*"Contudo, ela se move."*

Você alguma vez já parou para pensar que vive em um planeta "redondo", do qual você não cai, por causa da gravidade que o atrai para ele; e que ainda por cima está girando em torno de seu próprio eixo, sem que você perceba; enquanto, além de tudo isso, ainda gira em torno de uma bola de fogo em constante combustão, estagnada no espaço, conhecida como Sol? Não continue a leitura sem parar para pensar profundamente a respeito disso. Volte ao começo do parágrafo e repita a sua leitura, pois isso é importante. Você agora lê este livro enquanto um milagre absurdamente fantástico da física está acontecendo. Muitas pessoas passarão uma vida inteira sem nunca se dar conta disso! Galileu Galilei pensou a respeito de coisas assim.

Apesar de hoje ser fácil para nós compreendermos esse fato, que parece tão óbvio, no passado as pessoas acreditavam o oposto, que a Terra era o centro do universo, e que o Sol girava em torno dela. Essa teoria era conhecida como *geocentrismo*. As pessoas acreditavam nisso, porque pensavam que a humanidade era o centro da criação, e questionar essa verdade era perigoso, pois ia contra os ensinamentos da Igreja Católica. Entretanto muitos filósofos ousaram questionar essa falsa verdade e propuseram que, na realidade, era a Terra que girava em torno do Sol. Essa teoria recebeu o nome de *heliocentrismo*.

Parece até absurdo pensar que um dia as pessoas não compreendiam isso, e esse é o poder que o pensamento tem: mudar até mesmo o "centro do universo" daqueles que se permitem ampliar seus próprios horizontes. Galileu teve essa capacidade, e por isso foi condenado pela Igreja Católica. Entretanto a sua sentença não foi a morte na fogueira, pois ele abdicou de suas teorias no último momento. Reza a lenda que ao sair do tribunal, ele teria murmurado a frase: *"contudo, ela se move"*. Essa frase tem um impacto poderoso, pois ela quer dizer que a verdade continua sendo quem ela é, mesmo que nós não acreditemos nela. Quer as pessoas acreditassem ou não na teoria do *heliocentrismo*, a Terra sempre se moveu ao redor do Sol, e assim continuaria sendo mesmo que nós nunca nos déssemos conta disso.

A capacidade intelectual humana de pensar e conhecer é um milagre da existência, assim como o próprio movimento da terra. Nós somos, enquanto seres humanos, um milagre de complexidade assombrosa, mas muitas vezes não paramos para tomar conhecimento desse fato, e vivemos como se a vida não tivesse graça. Como é possível que possamos pensar assim? Talvez isso aconteça justamente pela falta de reflexão.

Galileu foi um físico, matemático, astrônomo e filósofo italiano, que nasceu em 1564 e morreu em 1642. Quem de nós pode dizer que conhece alguém com todas essas credenciais acadêmicas? Quem de nós pode se alegrar de possuí-las? Apesar de tantos anos de evoluções científicas, nós ainda somos encarcerados das crendices religiosas e falácias midiáticas que não têm intenção nenhuma de nos revelar Deus ou a verdade, e sim nos manter na ignorância, como "veículos" facilmente manobráveis, e que não nos permitem ver os milagres cotidianos da vida. Contudo, às vezes, nós é que somos culpados por não nos esforçarmos para desenvolver nossa potencialidade intelectual. Estudar e aprender dá muito trabalho; no entanto nós fomos aparentemente constituídos justamente para isso.

O acesso ao conhecimento na época de Galileu era restrito apenas a algumas poucas pessoas afortunadas. Nós vivemos inegavelmente o momento histórico que mais pode desfrutar dos avanços da inteligência em todas as áreas. Apesar de muitas pessoas ainda reclamarem e muitas ainda, lamentavelmente, viverem na pobreza, o Mundo nunca foi tão desenvolvido como é hoje, e tudo indica que a melhoria será, a partir de agora, cada vez mais exponencial. A educação é o melhor caminho para tirar as pessoas da pobreza e da ignorância, e cada vez mais essa possibilidade está em nossas mãos. Entretanto, a partir de agora, o esforço para evoluirmos passa a depender cada vez mais de nós. Procure aprender algo completamente novo amanhã.

Contudo, agora, descanse, pois você não é um planeta que gira sem parar; você é o próprio Sol.

## 2.7 Michelangelo

*"O sol é a sombra de Deus."*

Dois gênios e grandes rivais. Rafael foi um dos maiores nomes da pintura do Renascimento. Ele havia sido convocado para pintar uma das salas do Vaticano. Sua pintura se chama *Escola de Atenas,* e retrata os mais imponentes filósofos que a humanidade já havia conhecido até aquele momento. Em outra sala, o seu maior oponente havia ficado responsável por outro trabalho. Rafael, curioso por saber o que Michelangelo estava fazendo, e não podendo matar a sua curiosidade por causa da animosidade entre eles, solicita aos guardas do Vaticano que o permitam espiar o trabalho de seu inimigo na calada da noite. Quando ele entra na grande capela do Palácio Apostólico, na Capela Sistina, Rafael precisa encurvar o pescoço para olhar para cima e ver o que havia sido pintado.

Dizem que depois de testemunhar a arte de seu adversário, ele voltou para o seu próprio trabalho e se sentiu obrigado a incluir mais um personagem, que mesmo não sendo filósofo, merecia lugar de destaque no centro, junto com os principais colossos da humanidade. Se você olhar a pintura de Rafael da Escola de Atenas, você verá, no meio da imagem, um homem escorado em uma pedra que nitidamente não faz parte daquele cenário e que foi inserido ali "à força", mas que não poderia ficar de fora do escol dos gigantes da arte. Esse homem era Michelangelo.

Quem quiser ver essa pintura deslumbrante de Michelangelo na capela Sistina, em Roma, terá que envergar o pescoço como Rafael fez e olhar para cima. Essa é a mesma posição desconfortável que Michelangelo teve que suportar por quatro anos, entre 1508 e 1512, enquanto tinta caía no seu rosto e seus braços sofriam para se manterem erguidos, sofrendo para pintar uma obra para a qual ele também havia sido convocado pelo Vaticano e que, no entanto, ele não queria verdadeiramente realizar, pois não se considerava um pintor em essência, e sim um escultor. Entretanto ninguém ousaria dizer não para a Igreja Católica e ele foi praticamente coagido a aceitar aquele trabalho desmedido e extenuante.

Quem vê o teto da capela Sistina sem conhecer esse fato, nunca desconfiaria que aquele havia sido o resultado de alguém que trabalhava a contragosto. O ensinamento sem palavras por trás do ato do artista é o de que devemos sempre fazer o nosso melhor, apesar de não termos vontade, pois os contratempos passam e são esquecidos, mas o trabalho feito com dedicação e perfeição permanece para a eternidade.

É importante conhecer esses detalhes escondidos por trás das grandes obras para não cairmos na ilusão de que os renomados artistas são gênios que simplesmente receberam um presente divino, e que não precisaram fazer nada para desenvolver a sua técnica. O próprio Michelangelo, que foi, quem sabe, o maior expoente de todos os artistas do Renascimento, disse que *"se as pessoas soubessem o quão duramente eu trabalhei para obter a minha habilidade, ela não pareceria tão maravilhosa depois de tudo"*. Para compreender a que ponto ele desenvolveu a sua maestria, podemos admirar o seu método, onde se sentia mais à vontade, nos trabalhos em esculturas, nas estatuas de *David* e *Pietá*. É assombroso pensar que alguém talhou aquelas imagens em mármore.

Olhar desconfortavelmente para cima é o movimento que precisamos fazer para ver o trabalho de outro grande gênio, porém esse, talvez, frequentemente muito menos reconhecido do que os mestres mortais. Trata-se da obra do criador do Mundo e do Universo. Seu brilhantismo é tão magnífico que mal conseguimos assimilar tudo o que ele quer representar. Nas palavras do próprio Michelangelo, *"o sol é a sombra de Deus"*. Quem será esse artesão misterioso que criou tudo e que insiste em se esconder por trás de suas criações esplendorosas?

Talvez o melhor que façamos para evitar de machucar o pescoço ao admirar o feito do Criador seja deitar confortavelmente no gramado e perder alguns minutos olhando para o céu, e contemplar as estrelas à noite. Esse será o nosso exercício filosófico para hoje e amanhã. Não precisamos ir a um museu para ver uma grande obra de arte; basta admirarmos a abóboda do céu. E basta olharmos para nós e vermos esculturas vivas que nem mesmo Michelangelo seria capaz de esculpir.

Você dormirá profundamente bem, como se fosse uma estátua.

## 2.8 Família Médici

*"O brilho do ouro ofusca a riqueza do conhecimento."*

Quando assistimos a algum filme de que gostamos muito, geralmente lembramos os nomes dos atores, mas não ficamos conhecendo o nome de quem pensou e criou aquele trabalho cinematográfico. Todos nós já ouvimos falar dos super seres do Renascimento, como Michelangelo, Botticelli, Leonardo da Vinci, ou Galileu, mas poucos sabem o nome daqueles que planejaram e investiram financeiramente para que esse período pudesse acontecer, e para que as sementes dos grandes artistas pudessem florescer em sua máxima potencialidade. Por trás das câmeras, escrevendo o roteiro e dirigindo o papel dos atores, estava uma família de ambiciosos banqueiros conhecida pelo sobrenome Médici.

Muitos de nós, se fosse dada a oportunidade de escolher entre receber todas as riquezas do Mundo, ou adquirir conhecimento abundante, provavelmente ficaríamos com a primeira opção. É o que a maioria sonha em ter quando vê os ídolos da música e do esporte na mídia, sem compreender que por trás do glamour se esconde uma inteligência elevada e uma capacidade de trabalho árduo. As coisas não eram muito diferentes na Florença (Itália) dos séculos XIV e XV, quando o patriarca Giovanni di Médici inicia a construção de um império familiar que se estenderia por cinco séculos e chegaria a ser representado pela autoridade de quatro papas e duas rainhas da França.

A ganância e a corrupção daquele período faziam uso da violência e das maquinações ardilosas para garantir o poder pelo poder, e a riqueza pela riqueza, como alvos a serem alcançados. Giovanni di Médici e o filho Cosimo di Médici iniciaram um processo que muda radicalmente essa perspectiva, em que o poder passaria a se basear principalmente no conhecimento e nas artes, e que serviria de catapulta para possibilitar a revolução artística e intelectual que aconteceria no período em que o poder da família Médici seria mais influente.

Enquanto os negócios financeiros da família de banqueiros se consolidava, o filho, Cosimo de Médici, varria a Europa em busca não de moedas de ouro ou de alianças políticas, mas sim de livros de filosofia, história e ciência. Pai e filho iniciam um movimento de enriquecimento que visava beneficiar não apenas a si mesmos, mas a humanidade para toda a posteridade. Poucas vezes na história alguém demostrou tamanha ambição e capacidade de visão para o futuro. De certa forma, todos que valorizam as artes e reconhecem a sua função educacional são herdeiros intelectuais e filhos da Casa di Médici. É graças a essa família que hoje todos nós queremos ver a *Mona Lisa* no Museu do Louvre. Sem o aporte financeiro e a visão ambiciosa desses empreendedores, nós provavelmente não estaríamos hoje vivendo a revolução tecnológica que tanto nos beneficia, pois o Renascimento teria levado alguns anos a mais para ter acontecido.

*"O brilho do ouro ofusca a riqueza do conhecimento"*, exceto para aqueles que ousam fechar os olhos e se permitem ambicionar o poder da intelectualidade que vale mais do que qualquer tesouro. O conhecimento que a Família Médici teve que desencavar dos escombros da história continua escondido ainda hoje, só que dessa vez em plena luz do dia, bem diante de nossos olhos. Nunca uma sociedade teve à sua disposição tantos livros e tão facilitado acesso ao conhecimento e à informação mediante a internet, televisão e aparelhos telefônicos, ao mesmo tempo em que muitos ainda

vivem na total pobreza intelectual e financeira, com falta de uma saudável ambição. Os Médici teriam ficado abismados com tamanha contradição.

Além do mais nunca o brilho da riqueza ofuscou tanto a visão das pessoas. A corrupção e a ganância invadiram o coração de muitos, que, apesar de acumularem fortunas nos bolsos, não passam de pobres intelectuais e morais. Ricos gananciosos são tão pobres quanto mendigos debaixo das pontes. A riqueza verdadeira transborda e faz renascer a esperança e a arte. Ricos de verdade criam e beneficiam. Miseráveis roubam e sucateiam. Qual é o seu tesouro (talento) escondido? Desenterre-o.

O brilho também irrita os olhos de quem quer dormir. Apague a luz! Boa noite.

## 2.9 Pitágoras

*"Aprenda tudo o que for necessário aprender, e dessa forma terás uma vida feliz."*

Provavelmente você já ouviu falar do nome desse filósofo por causa do Teorema de Pitágoras que aprendeu na escola. E por isso alguns poderiam perguntar o que a filosofia tem a ver com a matemática, ou pensar que a filosofia é uma matéria chata por causa de nossas más recordações do tempo de estudante. Quem assim pensa está profundamente equivocado quanto à maravilha dos números e desconhece que Pitágoras também foi o responsável pela teoria da afinação de instrumentos musicais, que tanto os artistas de rock como de ópera utilizam para ajustar seus equipamentos ainda hoje.

Ainda no ambiente da música, ele afirmou que os planetas emitem um som único, e deu a isso o nome de *Musica Universalis*, ou música das esferas. Ele foi um dos primeiros filósofos a afirmar que a Terra é redonda, em uma época em que todos acreditavam que a Terra era plana. Defendia a teoria da Metempsicose, que supõem que após a morte a nossa alma imortal entra em um novo corpo. Também não comia carne e recomendava que seus seguidores respeitassem o mesmo ritual.

A sua base de estudos eram os símbolos numéricos, e procurou compreender e explicar o universo conhecível por meio deles. Parece difícil acreditar que alguém que nasceu em 570 antes de Cristo tenha sido capaz de tantas descobertas. É dele a frase que encontramos nos versos de ouro de Pitágoras, de número 32, que recomenda o seguinte: *"aprenda tudo o que for necessário aprender, e dessa forma terás uma vida feliz".*

Outro pensador prolífico, que viveu muito mais perto de nós no tempo, disse algo parecido: "seja curioso, leia muito e experimente coisas novas. Eu acho que muito do que as pessoas chamam de inteligência se resume apenas à curiosidade". Essa é a frase de Aaron Swartz (1986-2013), que foi um programador de computadores americano, responsável pela criação da RSS (*Really Simple Syndication*), e também do site *Reddit*, e que dividia com Pitágoras o gosto pelos números e a curiosidade por aprender.

Assim como o filósofo, Aaron foi uma criança prodígio que gostava de estudar a respeito de tudo, e que encontrou na lógica e na numeração de computadores a sua forma de expressão filosófica. A relação que ele tem com Pitágoras é a mesma que todos nós podemos ter: amar o aprendizado. Não existem limites para o que podemos fazer com o conhecimento e com o que há no universo para ser assimilado. Como o exemplo de Aaron nos mostra, a filosofia e a matemática não ficaram no passado para apenas serem relembradas a partir dos livros e da nossa admiração, mas sim para serem vividas todos os dias por cada um de nós, a partir de qualquer meio, seja a música, a pintura, a filosofia, a poesia, ou até mesmo a matemática pura ou a programação de computadores.

Entretanto o estudo é uma atividade que exige muito esforço e comprometimento. Ninguém nasce gênio nem constrói ideias extraordinárias apenas por acidente. Essas pessoas dedicam muitas horas de esforço e aprendizado naquilo que gostam. E já que estamos falando de relações com a matemática, vamos compreender o processo de aprendizado mediante uma teoria. Não é comprovada pela ciência, porém faz bastante sentido para fins de analogia a ideia de que são necessárias 10 mil horas de dedicação para se aprender e dominar qualquer conhecimento técnico, como um novo idioma, uma habilidade musical, ou uma nova profissão. Se alguém praticar uma hora por dia, levará em torno de 27 anos para dominar o conteúdo almejado; para o caso de dedicar oito horas por dia, em torno de três anos. Ou seja, aprimorar-se dá trabalho e exige tempo. Se pararmos para pensar, muitos de nós dedicamos em torno de oito horas diárias para um trabalho em uma empresa que pouco acrescenta ao nosso próprio desenvolvimento.

Em que área de sua vida você precisa dedicar algumas horas do seu dia para incrementar seus conhecimentos para os próximos 10 anos? Pense nisso e comece o mais rápido possível, afinal de contas, o mundo está mudando rapidamente e nós precisamos nos adaptar. Seja curioso; seja feliz.

Seis mais dois dá oito, que é a quantidade de horas de sono que precisamos em média por dia. Não dá para escapar das regras matemáticas, e nem das exigências de nosso corpo. Bons sonhos.

## 2.10 Lya Luft

*"Pensar é transgredir."*

Será que os escritores imaginam que alguns de seus leitores são aficionados por suas palavras? Há mais de 10 anos que carrego comigo uma cópia do texto de Lya Luft intitulado, *"pensar é transgredir"*. Ele cabe em uma folha com a fonte em tamanho compacto, porém dificilmente ele caberia na compreensão com apenas uma leitura. Apesar de ele fazer muito sentido já na primeira vez que o conhecemos, fica a nítida impressão de que serão necessárias novas visitas para realmente ficarmos amigos íntimos desse belo texto. Basta começar analisando o título. Transgredir quer dizer tanto ir além como desrespeitar. E imediatamente instala-se a pergunta: ir além de que limite e transgredir a que normas? E quando percebemos, já somos pegos nesse exercício de pensar, e não será fácil parar. Se eu pudesse resumir tudo o que ela quis dizer nessa bela construção, eu diria que pensar é transgredir a nós mesmos. Peço perdão a Lya pela audácia de querer resumir seu belo escrito de forma tão sucinta, e por isso sugiro ao leitor que busque conhecer o conteúdo no original.

Lya Luft é natural do Rio Grande do Sul, no Brasil, e nasceu numa cidade de colonização alemã chamada Santa Cruz do Sul. Ela é escritora, filósofa e tradutora de livros em alemão. Por causa de toda a sua conexão com a cultura germânica, logo somos levados a pensar nos grandes romancistas e escritores alemães, tais como: Goethe, Schiller, Hermann Hesse e Anne Frank, autores inclusive dos quais alguns a Lya traduziu do alemão para o português. E se seguirmos os passos dela, e traduzirmos o sobrenome Luft, descobriremos que ele significa "ar". E, ao saber disso, podemos brincar com a palavra "ar" e fazer a analogia de que é graças a esse elemento leve da natureza que o peso de um balão é soerguido do solo e que também permite ao avião voar, rompendo com a lei da gravidade que diz que os seres humanos não podem sair do chão. Pensar é como esse ar que nos permite sair da terra e ganhar os céus da imaginação. Os pensamentos são como o oxigênio da mente. Ah! O que será que a Lya pensaria se soubesse que já respiro o seu belo texto há mais de 10 anos? Talvez um escritor nunca saiba exatamente onde os seus conteúdos irão parar, pois podem percorrer o Mundo sem limites, assim como o ar.

Essa brincadeira de traduzir e ser puxado para a cultura alemã me faz pensar em minhas próprias origens distantes e naquela empresa de transporte aéreo, chamada Lufthansa. A parte "Luft" significa "ar", pois trata-se de uma empresa que transporta pessoas pelos céus; enquanto que a parte do nome "Hansa", traduzindo, pode significar "associação" e faz referência à antiga Liga Hanseática, que mantinha o monopólio comercial no norte da Europa entre os séculos XII e XVII, ou seja, conectava as pessoas por um interesse comum. Um nome apropriado que tem por objetivo não apenas voar, mas também conectar pessoas e pensamentos.

Já que, sem ter intencionado, pensar na Lya me fez voar para a Alemanha, então por que não sugerir como exercício filosófico, para hoje e amanhã, planejar uma viagem para lá e conhecer o *English Garden*, em Munique, um dos maiores parques ao ar livre do Mundo, onde é possível surfar em águas tranquilas e até mesmo andar completamente despido? Aliás, vale a brincadeira, não há forma melhor de sentir o vento do que estando completamente nu. Fica mais fácil perceber o ar que nos mantém vivos todos os dias quando não temos roupas a impedir o seu contato com o nosso corpo, assim como é muito mais fácil absorver o conhecimento quando nos despimos de todos os preconceitos que nos impedem de ver com clareza.

Perdoem-me se divaguei para muito longe em nosso pensar, mas é que procurei seguir os rastros deixados pelo pensamento da Lya. Entretanto é importante lembrar que ela também disse que não devemos apenas pensar, mas, igualmente, realizar e nos reinventar, sem que isso precise ser algo espetacular. O dia a dia nos basta para transgredirmos nossos limites.

Boa viagem até o país onde não há o que transgredir, pois nos sonhos tudo é permitido.

## 2.11 Blaise Pascal

*"O coração tem razões que a própria razão desconhece."*

Será que a filosofia também pode falar de Deus? Você se espantaria ao descobrir que grande parte dos estudos filosóficos são dedicados a esse tema. Quer seja para afirmar, quer seja para negar, Deus é uma figura onipresente (presente em todos os lugares) na filosofia, pois não é uma personalidade que pertence restritamente à religião, mas que tem, inclusive, a liberdade de aparecer até mesmo nos diálogos científicos. Achar que todo cientista é ateu seria um equívoco.

Relegar a figura de Deus apenas à religião seria um grande desserviço à humanidade e é muito bom que cientistas de vez em quando se debrucem sobre essa questão, seja para criticar, seja para defender, pois, sempre que o fazem, ampliam nossos horizontes de conhecimento e de questionamento. Definitivamente, pensar na existência de Deus não é como fazer um simples cálculo matemático no qual quatro vezes três são doze. No entanto será que a ciência matemática poderia jogar alguma luz nessa questão? De acordo com o filósofo de hoje, sim, se usarmos a teoria da probabilidade que ele, Blaise Pascal, ajudou a construir.

Vamos começar pensando na seguinte questão: qual a probabilidade de você pertencer à mesma religião de seus pais? Poderíamos dizer sem erro que a possibilidade é alta. E qual é a chance de justamente a sua religião ser a única correta aos olhos de Deus? Ou ainda, poderíamos dizer que a hipótese de você fazer parte de uma religião de que tem conhecimento é maior do que de fazer parte de uma religião de que nunca ouviu falar. Isso parece óbvio. O que não é tão óbvio aparece quando estendemos esse racio-cínio lógico para a disciplina da psicologia. Qual a probabilidade de você ser hoje quem é por influência do meio em que vive e das ideias que ouviu desde criança, de seus pais, da escola, e das mídias sociais? A pergunta final poderia ser colocada da seguinte forma: você é hoje um "produto" resultante do seu desejo puro de ser quem você é, ou o resultado exclusivo do meio ao qual pertence, ou ainda, uma mistura dos dois? Pense bem a respeito disso, pois isso não é tão cristalino quanto poderíamos supor. Definitivamente essa não é uma conta matemática na qual cinco mais quatro resulta nove. Não é apenas a existência de Deus que pode gerar confusão na religião, na filosofia e na ciência; a realidade sobre quem nós somos pode também estar muito além de uma conclusão definitiva.

Repentinamente pareceu-me mais conveniente retornarmos à intrincada questão da probabilidade da realidade de Deus do que falar de nossa própria identidade. E quando o onipotente (quem tudo pode) sai do colo da religião e cai nos braços da matemática, falar de Deus torna-se algo muito mais divertido. E Pascal pode ajudar-nos nessa empreitada? Basta dizer que além de ajudar a criar a probabilidade matemática, esse genial filósofo francês do século XVII também foi o inventor da calculadora. Acredito que ele seja o filósofo mais apropriado para nos dar uma "mãozinha" nesse quebra-cabeça.

Nós ainda não conseguimos provar nem a existência nem a inexistência de Deus. No entanto, se você tivesse que escolher agora entre acreditar em uma coisa ou outra, o que escolheria? Pascal diz que vale mais a pena apostar todas as fichas na possibilidade de Deus existir e para isso desenvolveu um argumento probabilístico que diz que: 1. se você acreditar que Deus existe e estiver certo, você terá um ganho infinito; 2. se você acreditar e estiver errado, tem uma perda mínima; 3. se não acreditar e estiver certo, o ganho é insignificante; entretanto, 4. se não acreditar e estiver errado, a sua perda é infinitamente desastrosa!

Será que o próprio Deus, *seja lá qual seja a religião Dele*, aceitaria uma fé baseada apenas na razão matemática e probabilística? Em matéria de religião, filosofia, psicologia e amor, cada um deve encontrar suas próprias respostas, estando aberto para novas possibilidades, aumentando, assim, sua própria esperança de encontrar a verdade, sem nunca esquecer de dar ouvidos a essa querida amiga chamada ciência; e mesmo no campo da ciência levar em conta a frase de Blaise Pascal, que diz: *"O coração tem razões que a própria razão desconhece"*. O que o seu coração está lhe dizendo neste exato momento? Por que não apostar em você mesmo a partir de amanhã? Comece aquele projeto que você tem adiado e aumente as chances de vê-lo realizado.

Quantos minutos você vai levar para pegar no sono hoje? Só tem um jeito de saber.

## 2.12 Oprah Winfrey

*"Transforme as suas feridas em sabedoria."*

O amor indiscutivelmente supera qualquer trauma; a dicção também. *"Transforme as suas feridas em sabedoria"*. Oprah Winfrey não apenas sabe o que diz, mas também sabe como dizer. Não basta ser sábio, é preciso dominar a arte de pronunciar a sua sabedoria. Oprah é hoje a comunicadora televisiva mais bem-sucedida na história da humanidade. As suas conquistas não ficam apenas no âmbito profissional. Há poucas pessoas no Mundo mais aptas do que ela para nos ensinar grandes lições em nossa vida profissional, pessoal e emocional.

O que a Oprah pode ter a ver com a filosofia? Talvez ela não tenha o título oficial de filósofa, mas ela certamente domina uma das áreas da escola filosófica, que é a oratória. Quando, há alguns anos, eu decidi vencer a timidez de falar em público, fiz um curso de dicção e oratória. Oratória é a capacidade de expressar de forma lógica os nossos pensamentos para que os nossos ouvintes possam nos compreender, e a dicção é a habilidade de articular bem as palavras em um ritmo, volume, e impostação da voz, para que o nosso discurso soe com nitidez ao ouvinte.

No curso, nós tínhamos que escolher alguma personalidade para nos servir de exemplo a ser modelado na hora de aprender essa técnica. Como naquele período eu estava estudando inglês, resolvi escolher a Oprah Winfrey como "professora" de técnica vocal, pois assim aprendia duas vezes com apenas uma classe. Mal sabia eu o quanto eu teria a aprender com essa querida professora, que paradoxalmente nem sequer sabe da minha existência. Este é o tamanho do poder comunicativo da Oprah: ela é capaz de ajudar pessoas em todas as partes do Mundo, sem nem mesmo conhecê-las, apenas com a força de suas palavras.

Entretanto nem sempre a força da oratória é usada de forma construtiva. É isso que vemos acontecer, geralmente na política, quando políticos inescrupulosos mentem de forma convincente e descarada, fazendo-se passar por inocentes, mesmo quando todos os fatos jogam contra eles. Na época de Sócrates, algo parecido já acontecia. Naquele período, 400 anos antes de Cristo, havia os *sofistas*, que eram especialistas na arte da oratória, que iam de cidade em cidade ensinando, quem estivesse disposto a pagar, a artimanha do convencimento, independentemente da veracidade dos fatos. Sócrates criticava essa postura e ele mesmo nunca aceitava pagamento por seus ensinamentos, e buscava sempre a verdade escondida no mais profundo cerne de cada questão.

Oprah Winfrey é inegavelmente uma das pessoas mais famosas e bem-sucedidas do Mundo, e a sua preocupação com a comunicação é a de levar esperança e amor. Ela é empreendedora, atriz, entrevistadora, produtora, filantropa, e uma das pessoas mais ricas do Planeta. Esse é o seu lado profissional. Do lado pessoal, ela é alguém que veio de uma infância cheia de traumas e impedimentos.

Ela cresceu em uma família nem um pouco convencional e teria tudo para não ter se tornado a vencedora que veio a ser. Apesar das dificuldades da vida pessoal, ela tornou-se uma das maiores humanitárias de que já se teve notícias, e sempre usou todas as suas dores e feridas emocionais para ajudar e elevar a condição daqueles que sofrem. E como foi que ela superou e conquistou tudo isso? Do lado emocional, a estratégia principal parece ter sido o amor e o perdão. Do lado profissional, ela conquistou tudo isso mediante a arte da comunicabilidade. E aqui residem dois segredos que poderiam escapar aos ouvidos menos atentos. A excelência comunicativa dela não é apenas uma arte técnica, mas também emocional.

Com Oprah podemos aprender uma das mais elevadas artes da filosofia, que é a oratória. Entretanto não a habilidade dos *sofistas*, de apenas usar a lógica a qualquer custo para convencer, mas a da conversa que busca levar amor e esperança. E sabe o que mais podemos aprender com a aptidão de Oprah? A de que comunicar-se bem pressupõe, acima de tudo, saber ouvir. Você precisa ver como ela presta atenção e fica em silêncio, sem interromper, quando faz alguma pergunta aos seus entrevistados. O exercício para amanhã é perguntar e querer saber mais sobre a vida das pessoas que nos cercam, com atenção e amor.

Já conversamos o suficiente por hoje. Agora, vá ouvir o que o seu travesseiro tem a dizer.

## 2.13 Mona Lisa

*"Conhecereis a verdade, e a verdade vos libertará."* –
Jesus Cristo.

Qual é a obra artística mais famosa do Mundo? Se perguntássemos às pessoas na rua, aleatoriamente, de que obra você acha que a maioria lembraria? Certamente até mesmo aqueles que não entendem absolutamente nada de arte, haveriam de lembrar-se da ilustre *Mona Lisa*, de Leonardo da Vinci, que está exposta no Museu do Louvre, em Paris.

Podemos deixar de lado qualquer argumento que justifique ou critique a hegemonia desse quadro; não podemos negar que essa é a pintura mais comentada da humanidade. Para muitos, é um grande choque descobrir as pequenas dimensões dessa imagem magnífica quando se deparam com ela no museu. A expectativa nos faz imaginar que se trata de uma peça muito maior do que na verdade é, e, se formos sinceros conosco mesmos, não fosse a fama que ela possui, raramente pararíamos para observá-la no Louvre, com suas *mais de 35 mil obras de arte expostas*.

O que poucas pessoas sabem é que, na verdade, enquanto estão paradas diante da *Mona Lisa* – quer deslumbradas com o inegável magnetismo e mistério da tela, ou sinceramente desapontadas com a falta de encanto daquela pose –, nas suas costas está o quadro com as maiores dimensões do museu, e que se chama *O Casamento em Caná*, com quase 6 metros de altura e 10 de comprimento, do artista italiano Paolo Veronese. Eu mesmo não vi essa obra ciclópica quando visitei o museu, tal foi o efeito hipnótico que a *Mona Lisa* e o tumulto de pessoas exerceram sobre a minha mente, e sempre que eu pergunto para quem visitou o mesmo local a respeito do quadro de Veronese, ninguém recorda de ter visto essa pintura gigantesca, pois estavam "brigando" para ver a estrela principal. *O Casamento de Caná*, de Veronese, retrata a célebre passagem bíblica em que Jesus participa de uma festa de casamento, momento em que também transforma a água em vinho. É curioso pensar que é como se o próprio filho de Deus estivesse admirando de frente a obra de Da Vinci.

Jesus Cristo foi o profeta religioso e filósofo que foi condenado por trazer verdades duras demais para serem aceitas pelas autoridades religiosas e políticas de sua época; que foi pregado na cruz por seus supostos crimes contra Deus; e que teria dito a intrigante frase: ***"conhecereis a verdade, e a*** *verdade vos libertará"*. É assombroso que uma frase tão curta carregue tanto mistério. Desde antes de Jesus os filósofos têm se debatido para tentar encontrar a tal da verdade; e de que exatamente o conhecimento desse enigma nos libertaria? É intrigante refletir que a verdade pode ser como a situação que temos dentro da sala do museu quando olhamos para a *Mona Lisa*. Enquanto nossos olhos estão vidrados em um ponto, deixamos de ver o que está do lado completamente oposto. A "verdade" também sempre parece ter dois lados, ou duas opiniões (ou muitas), mas frequentemente encontramo-nos de tal forma absortos e irredutíveis por uma certeza que nos cega, que não conseguimos girar os calcanhares e olhar para a verdade que pode estar muito perto de nós.

Fazendo uma analogia muito precária, poderíamos dizer que a *Mona Lisa* é como a mídia, as redes sociais, e a força do entretenimento contemporâneo, que sugam a atenção dos telespectadores e não nos permitem ver o mundo completo ao nosso redor, assim como os admiradores de uma obra famosa em um museu não conseguem perceber todas as outras peças ao seu entorno. Nós vivemos um momento em que a briga pela verdade tem dividido as pessoas entre "a minha verdade versus a verdade dos outros", impedindo que estabeleçamos um diálogo curioso que permita ampliar nossos horizontes. Ou talvez essa intransigência intelectual sempre existiu, não sendo algo tão novo assim, e eu apenas esteja forçando uma verdade (ponto de vista) sobre o meu leitor, assim como os meios de comunicação insistem em fazer. Nosso exercício filosófico será aprender a ouvir e conhecer os dois lados de qualquer situação, até mesmo como estratégia inteligente para reforçar nossas convicções verdadeiras, sem precisar imediatamente emitir nossa opinião; e também passar uma semana inteira sem assistir telejornais.

Sentireis sono de verdade, e o cansaço vos derrubará.

## 2.14 John Lennon

*"E o mundo seria como um só."*

Se existe algo que tem o poder de conectar um grande número de pessoas sob uma mesma vibração de energia, indiscutivelmente, esse algo é a música; e se houve um grupo musical que foi capaz de unir uma multidão de seguidores, inclusive de diferentes gerações, esse grupo foi os Beatles. Entretanto a fonte de união dessa banda não estava apenas na música, mas sim em outro elemento, que também une com uma atração invisível difícil de compreender: o amor. John Lennon ficou popular também por ter vivido uma história de afeto com Yoko Ono. O sentimento entre eles ficou registrado naquela que viria a ser uma das músicas mais famosas da carreira de Lennon, a canção *Imagine*.

Na introdução do videoclipe da música *Imagine*, antes de iniciarem os instrumentos, percebemos duas pessoas saindo de um denso nevoeiro, envolvidas também por uma fechada vegetação. Logo depois percebemos a imagem de John e Yoko, andando de mãos dadas por um caminho de pedrinhas em que se ouve apenas o barulho de seus passos; eles estão de costas para nós e por isso não podemos ver os seus rostos, e talvez seja por causa de todo esse composto climático que somos levados a pensar na criação do paraíso com Adão e Eva, e em como o mundo contado pela Bíblia propõe que, em última instância, todos nós somos filhos do mesmo casal que deu origem à humanidade. Ao final da música, John encerra com a frase *"e o mundo seria como um só"*, convidando-nos a imaginar uma sociedade em que não existissem separações ideológicas e políticas; um planeta em que todos viveriam como se fossem uma grande família; uma comunidade mundial em que agíssemos como se fôssemos apenas um.

Essa não é apenas uma ideia romântica e utópica, inspirada pelo coração apaixonado de um músico inglês que vivia como se fosse "um" com a mulher que tanto amou, e que sonhava com uma realidade social que fosse capaz de viver a mesma força emocional que eles foram felizes em descobrir. Cientistas e filósofos também abordam a temática de que talvez a natureza e as pessoas estejam mais conectadas, e de que existam mais próximas de uma unidade do que de uma separatividade, do que seríamos capazes de perceber superficialmente.

Ninguém foi tão exímio em nos conduzir nessa jornada de descobrimento da conexão de tudo como outro nome célebre da indústria do entretenimento: Will Smith. No documentário *One Strange Rock* (*Uma estranha rocha*), o ponto alto acontece quando Will nos conduz pela compreensão de como funciona o processo de produção do oxigênio, esse elemento fundamental que garante a nossa vida no planeta Terra, e que também une a todos nós em um complexo sistema de formação, que passa pela floresta Amazônica, no Brasil, depois pelas geleiras na Noruega, e também pelo deserto ao norte da África, e termina dentro de nossos pulmões na forma do ar que respiramos.

O querido astrônomo, responsável por conectar a ciência ao entendimento da grande massa de pessoas de forma simples e curiosa, Carl Sagan, dizia que todos nós somos feitos dos mesmos elementos que compõem as estrelas; o que nos leva a pensar que também estamos unidos com a imensidão do universo. O cientista e ambientalista, Fritjof Capra, também escreve sobre a teia da vida que nos une de forma espantosamente maravilhosa. A filósofa teosófica ocultista, de origem russa, Helena Blavatsky, viajou o Mundo inteiro buscando juntar a filosofia oriental com a cultura ocidental, na tentativa de combater a separatividade humana, que inclusive nos aparta do conhecimento da potencialidade intelectual e espiritual que reside dentro de cada ser humano.

Inclusive eu e você estamos agora unidos pelas palavras deste livro. O ar que respiramos também é o mesmo. Talvez você ame música exageradamente, assim como eu. Dentro de você, igualmente, bate um coração que ama e sofre. Você, eu, e toda a humanidade, recebemos de presente um espaço de tempo de vida, que depende do sol, do ar e das leis da física para existir. Inicie uma conversa com um total estranho e tente descobrir pontos em comum. Talvez ambos gostem das mesmas músicas. Certamente ambos estarão respirando o mesmo ar.

Durma; sonhe; e imagine.

## 2.15 Júpiter Maçã

*"Existem antiquários hoje em mim."*

Você já parou para pensar que todos nós guardamos "aqui dentro" pelo menos algum segredo de algo que vivemos no passado, e que nunca contamos (e que talvez nunca venhamos a contar) a ninguém? Somos todos como lojas de antiquário em que algumas peças não estão à venda e nem sequer expostas ao olhar do público curioso. Eu certamente tenho minha dose de segredos que guardo muito bem no fundo do baú de minhas rememorações. Falando de todos nós, algumas dessas lembranças nem merecem assim tanta importância, e quem sabe até já nos esquecemos delas, para nunca mais lembrar; enquanto que, indiscutivelmente, aquelas que se relacionam aos amores tumultuosos e mal resolvidos, ainda incomodam em nossa memória inconformada, revivendo nosso envolvimento íntimo com pessoas raras.

Alguns momentos e algumas pessoas tiveram um espaço de tempo muito reduzido para tocar nossas vidas, e mesmo assim deixaram o seu cheiro impregnado no pescoço de nossas recordações. Chorei quando uma amiga, de idade avançada, lamentou a morte do marido, de uma jornada a dois de mais de 50 anos. Depois solucei pela reminiscência dos meus próprios amores, que duraram menos do que o tempo de um verão de margaridas. Como são perfumadas e espinhosas algumas de nossas rosas. Não é o tempo que duram que nos fazem pensar nelas com saudade, mas o intenso toque de pétalas e cócegas de pólens que sentimos. Mesmo as tristezas que a paixão trouxe são boas de serem mantidas no antiquário do recordar. Sinto-me culpado quando não lembro tão bem de uma fotografia de minha mente de registros, como se fosse pecado esquecer aqueles momentos preciosos. Ainda estremeço pela dor da culpa e da vergonha de algumas despedidas sem adeus, que insistem em ser nítidas; mesmo assim amo-as, porque um dia errei por bem querer, indeciso demais. Deve ser pecado viver a super-ficialidade da vida cotidiana quando sabemos por ardência própria que existem emoções que a razão mal pode alcançar, mesmo reconhecendo o perigo arrasador de se envolver com as coisas do coração (e da pele).

Não é traição pensar no amor gostoso do passado. É apenas lamen-tável não poder dividir esse belo segredo com mais ninguém. É solitário ter que conversar apenas consigo mesmo. Quando nos colocamos de joelhos em nossas preces, queremos apenas justificar a nossa solidão, como se alguém ouvisse nossas orações. Nem mesmo nossas amizades mais íntimas compreenderiam algumas das loucuras que já fomos capazes de cometer. Nem sequer nossa parceira de intimidade física e confidência mais sincera compreenderia algumas de nossas recordações mais lindas (e até mais dolorosas). De algumas curvas (ah, as curvas!) e capotagens da estrada não temos outra opção a não ser nos recompormos sozinhos.

A dor que o outro sente não pode ser arrancada pela intenção que se compadece. O sofrimento que vai lá dentro de nós não pode sequer ser desarraigado pela nossa própria mão emocional. É claro que não são apenas porcelanas quebradas que decoram o sobrado alternativo, existem também peças exóticas como louças e papiros do Egito, ou até de outros planetas, afinal de contas, certas vivências só podem ser coisa de corpos celestes desconhecidos, que nós em algum momento tivemos a coragem de visitar. É uma pena não poder voltar lá. Será que temos receio de confessar que sentimos prazer ao morder a maçã do pecado, e que abocanharíamos mais uma árvore toda, se tivéssemos uma segunda chance?

São tantas as viagens para o passado que preciso pegar emprestadas na canção Mademoiselle Marchand as palavras desse gênio incompreendido, e quase desconhecido, chamado Júpiter Maçã, e dizer que *existem antiquários hoje em mim*. Já pensei em mostrar algumas das xícaras que guardo com carinho para alguém confidente, porém tive receio. Quantos abajures desusados guardamos dentro de nós! Deixaremos eles serem encaixotados conosco? Se você for capaz, revele-se mais a quem você ama e procure conhecer as salas íntimas da psique de quem você diz gostar. Permita-se ir além da intimidade do corpo e deixe que os fantasmas abandonem o brechó. Revisite "aquelas músicas"; relembre mais uma vez de quem nunca mais visitará.

Bem-me-quer, malmequer; bem-me-quer, malmequer; bem-te-quero... Durma com Vênus.

# 2.16 John Lydon

*"A raiva é uma energia."*

Nas mãos de um artista, qualquer coisa pode virar arte, e não raro, sentimentos turbulentos são o combustível perfeito para criar obras geniais. O segredo é saber fazer o uso correto e a medida exata de elementos perigosos, como as nossas sensações mais densas. Esse *punk rocker* britânico já foi chamado de Johnny Podreira, por causa de sua aparência desleixada e por seus dentes podres. Com o tempo o apelido ficou para trás, porque tudo o que o "Sr. Podreira" tocava virava ouro.

Poucos artistas da música são capazes de alcançar o sucesso absoluto com apenas um álbum, e por mais inacreditável que possa parecer, foi exatamente isso o que a banda Sex Pistols fez. Mesmo depois de mais de 40 anos do lançamento de seu único disco de estúdio, ainda é possível ver o logo do grupo estampado nas camisetas de adolescentes revoltados ao redor do Mundo.

O nome do líder da banda, John Lydon, é associado ao movimento punk que ele ajudou a fundar, mas que ele mesmo nunca defendeu, e procura sempre deixar claro que as pessoas que mais se dizem defender o movimento, são as que menos compreendem o que ele significa. O próprio artista nunca é visto com as caricatas roupas pretas, e desde sempre foi um crítico pouco ouvido com relação ao seu repúdio pelo uso de drogas.

Ao invés de ficar estagnado no sucesso meteórico de um projeto que poderia ter-lhe rendido muito mais sucesso e riquezas, John Lydon imediatamente parte para novos desafios musicais em que aproveita para extrapolar toda a sua fúria criativa, que o sufocamento do público punk não permitiria na banda Sex Pistols. E o elemento fundamental que catapulta a inventividade do artista para as estrelas é nitidamente a raiva. Repórteres são sempre o alvo preferido do músico explícito. Porém, por trás do que parece ser apenas ataque gratuito, está, na verdade, a inconformidade com a superficialidade. John quer sempre levar a si mesmo e ao seu público ao extremo da arte genuína e da provocação das emoções e pensamentos.

Na mitologia grega nós encontramos um deus que ficaria muito orgulhoso da postura de "João Podreira". Esse deus era Dioniso, representante dos ciclos da natureza, das algazarras, do vinho e embriagues, da insanidade, e do teatro. O próprio Nietzsche baseou parte de sua filosofia sobre o reavivamento da tragédia grega na imagem de Dioniso. A palavra bacanal (sinônimo para devassidão, orgia) faz referência ao deus romano Baco, que é a versão de Roma para o deus grego Dioniso.

Lamentavelmente, a genialidade de John pode estar além da compreensão de um público mimado demais para dar ouvidos ao que a arte quer ensinar. A geração atual não tem tempo para tentar assimilar as excentricidades de ídolos que não aceitam jogar o jogo da indústria do entretenimento.

A mensagem de John Lydon é puramente cotidiana e humana. Todos nós sabemos que às vezes a vida é insuportável e que o único sentimento que nos visita é o de ódio. Quando nosso chefe nos humilha, ou quando nosso cônjuge nos trai, não resta muito espaço para a razão e para expressões de amor e de perdão. Por algum tempo nós teremos que inevitavelmente lidar com sensibilidades menos elevadas. Talvez os filósofos consigam controlar suas emoções em momentos de tormenta, mas muitos humanos normais como nós não têm essa capacidade. Lydon aparece para nos mostrar que, mediante instrumentos artísticos, podemos extrapolar tais rebeldias e fazer do que poderia ser apenas uma experiência ruim uma grande revolução da vida, pois *"a raiva é uma energia"*.

Não há problema nenhum em sentir irritação; agir de forma a nos arrependermos depois, sim. Procure usar a sua cólera para lhe mover em

FILOSOFIA PARA DORMIR

direção a projetos de vida construtivos que momentos de conforto e felicidade não têm a combustão necessária para impulsionar. Uma boa forma de extravasar a gana é a prática esportiva. Caminhadas leves são recomendadas para aliviar desentendimentos com colegas de trabalho, e esportes de adrenalina e impacto são sugeridos para arrefecer conflitos amorosos e estresses com o chefe; sem falar que exercícios físicos melhoram a prática sexual.

E por falar em sexo; pra que sonífero melhor que esse?! Tenha uma noite prazerosa.

## 2.17 The Neighbourhood

*"O seu amor me deixa com medo."*

Será que dá para filosofar com as palavras e a atitude de uma banda de rock-and-roll? Sempre que eu quero fazer algo do qual não tenho certeza se é permitido, apesar de não ser ilegal, e que não vai machucar ninguém, mas que provavelmente renderá alguma reprimenda, vou e faço sem perguntar, para não correr o risco de ouvir um "não" quase inevitável. Se eu for repreendido depois de ter feito, poderei usar a desculpa de que não sabia que não podia fazer, mas então já será tarde, pois já terei agido. A vida às vezes pede que corramos alguns riscos e que nos aventuremos, sem perguntar se é permitido. Se formos esperar para ter a autorização de que precisamos para agir, muitas vezes acabaremos nunca fazendo as coisas que não ferem ninguém, e que não infringem nenhuma lei, mas que podem, por fim, revelar-se importantes e positivas. Essa é a atitude que o rock-and-roll pode ensinar aos filósofos.

As coisas mais intensas que todos nós vivemos são aquelas que mais nos deixam com medo de tomar uma atitude: seja a pessoa que amamos e que faz a nossa voz engasgar na garganta; seja a faculdade que tanto queremos fazer, mas que não temos certeza de que auferirá o retorno financeiro que somos obrigados a levar em consideração; ou então a nova oportunidade profissional que pode colocar em risco a nossa estabilidade; ainda temos aquele momento em que somos levados a decidir por ter filhos ou não.

O que mais amamos na vida é o que mais nos deixa com medo. Primeiro, quando temos medo de conquistar, e depois, quando temos medo de perder, e por fim, as palavras, *"o seu amor me deixa com medo"*, da letra da música, *Scary Love,* da banda The Neighbourhood, fazem tanto sentido quanto qualquer teoria filosófica. E existe, por acaso, dilema filosófico maior do que decidir que caminho trilhar no futuro, se o de seguir uma carreira convencional em uma empresa, ou tentar a sorte como artista da música; ou quem sabe viver do amor pela filosofia, abdicando quase que inevitavelmente as benesses da riqueza? Todas essas são questões profundas, em que os sentimentos de amor e de medo parecem ser as vozes mais indicadas a se ouvir na hora de decidir o próximo passo. Um futuro que assusta é provavelmente um amor que valerá a pena ser encarado.

Entretanto o amor nem sempre é lógico como a filosofia gosta de ser, e se perguntarmos a respeito das coisas mais absurdas que gostaríamos de fazer, é muito provável que a voz da razão das pessoas ao nosso redor nos diga para não andarmos por tal estrada. Se a banda The Neighbourhood não tivesse seguido a voz do seu coração, hoje não teríamos as lindas canções que nos ajudam a compreender nossas próprias aflições. Essa banda americana, formada por pessoas ainda muito jovens, teve coragem de desviar de uma vida mais convencional para ir em busca de um grande sonho e hoje, depois de muito tempo, começam a colher os frutos saborosos do sucesso de seu trabalho. Um olhar superficial pode ver apenas jovens rebeldes e cheios de estilo provocador, porém um olho mais cauteloso percebe pessoas com grande paixão pelo que fazem, profissionalismo e dedicação, apesar de acreditarem em um sonho que poderia parecer impossível; valores que somente o amor pode alimentar.

Isso não quer dizer que essa força se encontra apenas nas coisas aparentemente inalcançáveis. Talvez o seu futuro esteja justamente nas coisas que, para os olhos dos outros, parecem ser as mais convencionais. A melhor forma de reconhecer quando estamos na presença desse sentimento sublime é averiguar se existem como que borboletas a voar e fazer cócegas em nosso estômago; ou sentir se nos invade um frio que começa na barriga e que, por um segundo, paralisa todo o nosso corpo. Muitos chamam isso de medo. Quem tiver coragem de vencer a paralisia momentânea e dar o próximo passo, sem perguntar se pode, viverá a recompensa plena. Qual é o amor que lhe amedronta?

Não tenha medo do escuro; é lá que dormem os sonhos.

## 2.18 Pirro de Élis

*"Suspensão do julgamento."*

Todo ano de eleição presidencial é a mesma coisa: as pessoas se polarizam umas contra as outras na defesa daquele que acreditam ser o melhor candidato; e a cada ano que esse evento se repete, os ânimos parecem ficar mais acirrados e as opiniões mais contundentes. Na última corrida à cadeira presidencial, eu decidi não emitir nenhum julgamento, não tomar partido durante toda a campanha, e nem mesmo optar em que candidato eu votaria até o momento derradeiro, em que seria obrigado a fazê-lo, e até lá eu prometi a mim mesmo que ouviria todas as propostas de todos os candidatos com ouvidos dispostos a escutar. Sem saber, eu estava colocando em prática uma das teorias de Pirro de Élis, que diz que não precisamos emitir qualquer parecer até o momento em que nos considerarmos aptos a fazê-lo, e isso se chama: *"suspensão do julgamento"*.

Essa ideia poderia facilmente também ser chamada de *"o segredo para a paz em sociedade"*, ou imperturbabilidade. Ainda no período eleitoral de que mencionei, recebi alguns amigos em minha casa para um jantar, e o que deveria ter sido um belo momento de relaxamento e diversão, acabou se tornando um cenário de pancadaria verbal, pois todos só queriam falar das opções de políticos para receber a faixa presidencial, e como sempre acontece quando juntamos pessoas em um grupo, várias delas tinham convicções contrárias e cada uma acreditava que a sua posição era a melhor do que a do seu "oponente". Eu, de minha parte, havia decidido não escolher lado, e sempre que alguém me perguntava em quem eu votaria, eu respondia que ainda não havia decidido, mesmo que a eleição estivesse agendada para o dia seguinte. Apesar dessa postura pacífica todos me olhavam com ar de desconfiança, e o fato de me abster de emitir uma opinião clara era como se a minha isenção me colocasse contra a escolha deles. Então, mesmo tentando evitar o confronto, acabei sendo alvo da raiva incontida dos meus amigos que vieram para o jantar apenas para brigar. No fim, algum candidato foi eleito posteriormente, e como sempre acontece, ele foi tão ruim ou tão bom quanto qualquer outro teria sido, e daqui a quatro anos tudo se repetirá.

Pirro foi um filósofo grego que nasceu na cidade de Élis, no ano de 336 antes de Cristo, e a sua escola filosófica pode ser caracterizada como *ceticismo*, ou como alguém que se posiciona como um eterno investigador.

Essa corrente filosófica propõe que nós não precisamos sentar nossos pés em nenhum tipo de conhecimento até que tenhamos sustentação suficiente de que a ideia proposta é válida, ou até o momento em que se faça imperativo emitir parecer – se é que esse momento algum dia chegue.

O campo de estudo científico que avalia a capacidade de conhecer se chama *epistemologia*, e diferencia-se das crenças e das verdades. Afinal de contas, a verdade pode existir e não ser de nosso conhecimento; e uma crença pode ser falsa e, portanto, não ser conhecimento de verdade. Para se ter uma ideia da relevância desse filósofo, basta conhecer que ele teve a oportunidade de viajar com Alexandre, o Grande, pela Índia e aprender com os grandes filósofos daquele país, naquela época.

Em um mundo tão cheio de certezas, crenças e verdades, onde todos parecem querer ter a razão e a reposta para tudo, e onde o conhecimento é facilmente ignorado, certamente o pensamento de Pirro é mais do que bem-vindo. A verdade é que não temos a obrigação de julgar ou emitir uma opinião a respeito de nada e muito menos de estarmos certos. Afinal de contas, depois de tantos anos de filosofia e ciência, a verdade ainda é um grande mistério.

Por que haveríamos de querer estar certos quando nem sabemos exatamente o que é a verdade? O nosso exercício filosófico, portanto, será passar um dia inteiro conversando com as pessoas e apenas ouvindo e perguntando, sem emitir a nossa própria opinião a respeito mesmo dos assuntos que mais discordamos. Ao fazer isso, tente compreender o significado da palavra "imperturbabilidade".

Será que vale a pena se estressar por causa de política? Não sei. Vou dormir que ganho mais.

# BARULHO DE CHUVA NO TELHADO

Será que Deus existe? E será que cabe à filosofia se inclinar sobre essa pergunta; ou deveria deixá-la exclusivamente a cargo da teologia? Ou ainda mais, será que podemos nós, sem conhecimento profundo em filosofia ou religião, tentarmos nos aventurar por essa empreitada? O tema é no mínimo curioso e já faz, pelo que sabemos, no mínimo mais de 2 mil anos que a humanidade tem pensado com racionalidade e criticismo a respeito desse tema escorregadio. Entretanto começar este capítulo falando sobre tal assunto é apenas uma artimanha para distrair a sua atenção do tema de que realmente quero abordar. E também para provar que, como muitas vezes acontece na existência, somos facilmente conduzidos por caminhos do pensar que nós mesmos não escolhemos trilhar, mas que, quando vemos, percebemo-nos enredados por eles.

Antes de falar do Criador, que é um assunto complexo e polêmico, deveríamos primeiramente olhar para as criaturas, mais especificamente você e eu. Parece-me que frequentemente nos esforçamos demais para tentar ver e descrever (e inventar) a Deus que acabamos esquecendo de olhar para nós mesmos e buscar compreender quem nós somos e o que acontece dentro de nós. Essa me parece uma problemática perfeitamente justificável e passível de ser empreendida. Como querer entender algo absurdamente complexo sem antes se apropriar de conhecimentos mais simples que servem de degraus que conduzem até patamares mais elevados? Que estratégias poderiam nos auxiliar nessa empreitada?

Ocasionalmente, quando estamos no limiar entre o sono e o despertar, recebemos ideias fascinantes quando paramos um segundo para observá-las, e os pensamentos que acontecem nessas brechas de momento têm um poder de sensação difícil de colocar em palavras racionais que consigam levar a lógica a assimilar a força de tal sensibilidade. Em tal instante, nosso cérebro alcança a força do pensar abraçado na potência do sentir, e tudo se torna muito vívido. É como se fôssemos capazes de acessar uma habilidade secreta e divina em nosso cérebro de compreensão elevada.

Quando tento agora encontrar as palavras para dar vida ao que eu gostaria de transmitir, o faço na expectativa de conseguir recriar a constatação maravilhosa que tive hoje pela manhã, quando acordava as 3h30 para escrever estas linhas. Enquanto acordava, ainda lambuzado nos beiços com o doce pegajoso do sono, dei-me conta de que estava vivo. Para o bem ou para o mal, para o prazer ou para o sofrimento, isso é, por si só, algo incrível. Por um momento eu tentei usar a pujança daqueles segundos de esclarecimento para perguntar pela veracidade da existência de Deus. E ao fazer isso, foi como se uma mão invisível me houvesse gentil, mas peremptoriamente, conduzido a constatar que eu estava pulando etapas em meu processo de experimentar a vida. Antes de pensar em Deus, eu precisava pensar em mim mesmo e observar o milagre e a complexidade de estar vivo.

Nós, filósofos, geralmente pulamos etapas; saltamos degraus no processo do pensar. Deus pode ser uma incógnita invisível; todavia nós, seres humanos, não somos. Caso Deus se apresentasse definitivamente diante de nossos olhos racionais, provavelmente o descartaríamos como foco de interesse para dar espaço a um novo questionamento, assim como uma criança que já enjoou do brinquedo antigo. Isso acontece, por exemplo, com a vida, que é um milagre complexo e assombroso se exibindo diante de nossas vistas e dentro de nossa essência, e frequentemente falhamos em percebê-la. Nós estamos distraídos com atarefamentos irrelevantes e questionamentos filosóficos e religiosos aparentemente urgentes, e com isso deixamos para amanhã o trabalho que não foi feito hoje. E que trabalho é esse? O de observar a nós mesmos e de compreender o que nós somos.

Nesse meu despertar matutino narrado, é como se Deus houvesse falado que não me preocupasse com a existência Dele ainda, e sim com a minha, primeiro, respeitando as fases do processo de compreensão das grandes perguntas do existir. E é claro, isso fez muito sentido. Se Ele existe, e se fomos criados por Ele, é óbvio que Ele haveria de querer que fôssemos hábeis em compreender a beleza do que Ele fez, da mesma forma que um artista se alegra ao perceber que alguém admira a sua arte, ou quando um trabalhador recebe um elogio sincero por seu esforço.

Em nossa ânsia sincera e genuína em compreender a vida, saltamos um degrau fundamental. Nós precisamos compreender que estamos vivos e que isso não é algo simples e banal. Talvez não tenhamos o aparato físico e espiritual competente para alguém que queira compreender a Deus, no entanto temos o aparelhamento mais do que suficiente para "ver" a nós mesmos. Tente não apenas "ler" o que eu estou tentando explicar escrevendo, mas de certa forma também "sentir" esse pensamento dentro de você.

A vida mais do que moderna constantemente convida-nos a olhar para fora de nosso âmago. Tiramos fotos do mundo externo para mostrar aos outros, quando isso não importa (pelo menos não agora). Precisamos olhar para o nosso ser e esquecer, por um momento, de nos preocuparmos em mostrar qualquer coisa para outras pessoas. E mesmo quando nos maravilhamos diante de uma bela e encantadora paisagem, não precisamos imediatamente registrar esse segundo com uma foto, mas sim, precisamos capturar esse acontecimento dentro de nós, e perceber como nos sentimos ao entrar em contato com as maravilhas da criação.

Mesmo quando interagimos com outros seres humanos, precisamos esquecer-nos deles por um instante, e voltar a nossa atenção para esse estranho que vive em nosso interior. Ao invés de fofocar acerca da vida alheia, devemos cochichar escondido em nosso próprio ouvido a respeito de nossa vida imanente. Temos ignorado nossa distinta existência. Não importa as roupas refinadas que vestimos; estima ver dentro de nós quem somos.

Se eu conseguisse transmitir a simplicidade e deslumbramento do que eu experimentei hoje quando acordei, isso nos ajudaria a compreender como é possível existir da maneira que está ao nosso alcance viver e contemplar. A filosofia usa muito essa palavra: contemplar. Quem sabe seja por ela que eu esteja procurando. Quer Deus seja uma certeza inexplicável em nosso coração, ou uma inexistência absoluta em nossa razão, deve ficar de lado por um instante. Crentes e ateus precisam se unir no esforço de compreender o encantamento da vida e nosso papel nela, pois esse exercício ainda não foi completado.

Não falo dessa experiência motivacional e nem mesmo positivista de exaltar a vida disseminada atualmente em palestras e eventos que promovem uma sensação temporária e superficial, apenas movida pela euforia induzida, pois essa dinâmica é desprovida da faculdade de raciocinar, sensibilizar e compreender profundamente, que apenas o silêncio e a solidão da noite podem proporcionar. É preciso ir além, e sentir o pensamento lógico com arrepios de êxtase e contemplação individual, solitária, pois estamos vivos, e essa é uma constatação particular e inefável.

O exercício filosófico para hoje é este: olhar para nós mesmos e nos darmos conta de que estamos vivos. Esse olhar para nós não significa pensar na humanidade nem no divino. A prática filosófica que proponho trata-se de você mesmo. Trata-se de você exclusivamente. Esqueça-se por um momento do resto da humanidade e até mesmo da pessoa que por ventura ocupa a cama ao seu lado. Pense unicamente em você agora.

Pense na complexidade da constituição de seu corpo e de seu cérebro. Respirar é um processo de engenharia difícil de copiar. Pensar e sentir são privilégios (presentes que recebemos gratuitamente) de valor inestimável. Nem a mansão mais cara nem o carro mais valioso se comparam com o ser e o existir. Olhe para você mesmo. Faça esse exercício desprovido de julgamentos.

Não deixe a sua mente racional se debater em luta contra a minha argumentação, pois eu não estou defendendo a minha posição intelectual como algo que precise ser aceito. Eu render-me-ia à derrota se fosse o caso de digladiar para tentar impor alguma forma de pensar argumenta-tiva. Eu convido-o a apenas pensar em você e sentir o encantamento de perceber-se. Você está vivo, e isso não é algo banal. Tente ver e absorver esse fato. Antes de pegar no sono reconfortante, e antes de acordar ama-nhã para mais um dia, tente recordar essa provocação filosófica: *eu estou vivo, o que isso significa para mim?*

Tentar compreender a existência ou tentar provar a existência de Deus ficará para depois, em algum momento futuro nessa vida, ou quem sabe depois, mas pensar sobre nós mesmos me parece ser uma atividade implorando para ser empregada agora, pois já passou do tempo de fazê-la. Como posso querer compreender Deus (ou negá-lo) se não sou capaz de primeiramente fazer algo mais fácil ? Como posso querer subir ao cume de uma montanha sem me preparar para a longa caminhada?

Permita que a pergunta *"eu estou vivo, o que isso significa para mim?"* permeie todo o seu dia de amanhã.

Espere; não durma ainda!

\*

Talvez você tenha achado essa parte do livro confusa e cansativa (ou sonolenta) e a culpa não é sua. Hoje, agora, 16 de dezembro de 2019, quase um ano depois de ter escrito este capítulo pela primeira vez, eu voltei nele para revisar, antes de enviar para a editora, e pude compreender o que não consegui lá atrás. A experiência sublime que eu vivi não pode ser expressa em palavras, ela é inefável, e ela não pode ser compartilhada; ela é só minha. Cada experiência de êxtase da contemplação da consciência de estar vivo é única e solitária, tranquila e harmoniosa, esplêndida e calma. Eu tentei, mas não consegui explicar o que eu sentia. A única coisa que posso dizer é que você busque a sua própria contemplação. Boa sorte. E como sempre, bons sonhos.

Permita-me repetir as palavras de minha mãe, que sempre me fizeram muito bem antes de dormir: "durma com os anjos".

Existe alguém aí? Existe alguém aí? Existe alguém aí? EXSITE ALGUÉM AÍ!

## 3.1 Baruch Espinoza

*"Encontre Deus na própria natureza."*

Em uma de nossas aulas de filosofia, um dos alunos foi interpelado pelo professor com a seguinte pergunta: qual é o filósofo com quem você mais se identifica? Não encontrando ouvidos que o compreendessem, o professor ainda complementou a questão: se tivesse que escolher um filósofo para o guiar, quem seria ele? Quem sabe paralisado pela infinidade de opções, meu colega ficou inerte e titubeante para responder; entretanto, enquanto ele pensava eu respondia a essa indagação em meu diálogo interior, sem vacilar. Vejamos o que eu respondi para mim mesmo depois de estudarmos Espinoza.

Baruch Espinoza nasceu em 24 de novembro de 1632, na Holanda, no centro de uma tradição judia e extremamente piedosa. A sua família havia fugido de Portugal apenas alguns anos antes por causa da Inquisição Católica, que via problemas na religião judia, e o próprio Baruch seria, anos depois, também padecedor de outra forma de perseguição religiosa, só que dessa vez vinda de sua própria casa. Espinoza desafiou as regras da época e se aventurou a tentar compreender Deus de acordo com suas próprias interpretações e observações da natureza. Para ele, Deus estava em tudo, e poderia ser considerado a natureza em si.

Ao invés de seguir os preceitos e regras dos livros sagrados e religiosos, ele preferiu ler a mensagem divina que conseguia perceber em torno de si com os seus próprios sentidos. Se ele pudesse falar conosco agora, ele nos encorajaria dizendo: *"encontre Deus na própria natureza"*. Para Espinoza, Deus fala conosco por meio das leis universais (física, biologia, etc.) que somos habilitados a raciocinar e intuir. Com esse filósofo, a religião chega muito próxima da linguagem da ciência, que diz que devemos estudar as manifestações reais empírica e racionalmente.

Certamente qualquer um se admiraria com a altura religiosa de um indivíduo assim, mas os judeus de sua comunidade não compartilharam dessa leitura, e o excomungaram por meio do que chamam de *Cherém*, que é uma dura punição dentro do *judaísmo*, com votos de que Deus condenasse e castigasse Baruch severamente por suas profanações das interpretações das sagradas escrituras.

Será que Deus mesmo teria se sentido ofendido e agido punitivamente com um seguidor ávido por encontra-Lo, disposto a admirar Sua criação, e dedicado em capturar a Sua essência? O que nos leva a perguntar se a Sagrada Escritura está correta quando afirma que Deus criou o Homem (sujeito universal que engloba o gênero masculino e feminino) à sua imagem e semelhança; ou se fomos nós que criamos um deus de acordo com a nossa própria personalidade humana, facilmente afetada por sentimentos de ofensa e incapacidade de aceitar opiniões adversas?

Entretanto Baruch mesmo não se surpreendeu com essa tratativa, e mudou-se para outra cidade, seguindo seus princípios fundamentais filosóficos, que dizem que na vida não devemos lutar contra o sofrimento, e sim tentar decifrá-lo e compreendê-lo. Nós também somos convidados a agir assim diante das intempéries do dia a dia e sempre nos perguntar como as experiências nos afetam, e como elas nos impactam para inspirar ou desmotivar, e por que nos deixamos afetar dessa forma? O bem e o mal que recebemos é uma narrativa interior que construímos dos fatos.

Com tantas religiões e com tantos filósofos ao longo da história, onde encontraremos a verdade? Para responder às perguntas iniciais de meu professor de filosofia, eu teria respondido que somos capazes de achar as respostas muitas vezes também dentro de nós mesmos e de nossa apreciação do mundo. Eu teria respondido que eu sou o meu filósofo favorito. Não por prepotência, mas por consciência da capacidade que eu recebi, assim como você e cada filósofo também recebeu, de raciocinar livremente sobre as coisas da existência.

Podemos usar a religião e a filosofia como fonte de inspiração, mas apenas como recurso, pois a resposta precisa partir de dentro de nós e de nossa mente singular pensante em qualquer debate que nos afete diretamente. Nosso filósofo interior se oferece para ser o nosso principal guia. Muitos filósofos e cientistas do passado lutaram bravamente para que hoje pudéssemos ter uma grande autonomia para nos expressarmos e acessarmos qualquer forma de conhecimento. Não podemos simplesmente aceitar cegamente tudo o que aprendemos. Somos intitulados a nos tornarmos os nossos próprios filósofos.

Deixe o sono afetar as suas pálpebras. A natureza divina é tudo; até os próprios sonhos.

## 3.2 Leonardo da Vinci

*"Nossos gestos deixam marcas na memória."*

Leonardo da Vinci viveu cada dia de sua curta vida como uma oportunidade de continuar uma grande obra de arte. Ontem eu recordei, enquanto conversava com um amigo de longa data, de fatos do passado. Eram recordações muito boas, mas que por pouco teriam sido esquecidas debaixo das insignificâncias das preocupações cotidianas. E se eu quase me esquecia das minhas próprias memórias, então certamente outras pessoas não as recordarão jamais. Isso me fez pensar que nossas ações podem deixar marcas na história, ou simplesmente passar como apenas mais um momento banal, passível de ser ignorado. Como seremos lembrados (ou esquecidos) no dia em que partirmos? Ao refletir sobre isso, também dei-me conta de que é mais fácil remoer as lembranças doloridas e sofridas, do que acessar os momentos agradáveis.

Entretanto a história da vida de Leonardo nos prova que podemos ser lembrados como seres humanos dignos, quando o que deixamos para trás é excelente. Da Vinci foi uma pessoa como qualquer um de nós; a única diferença é que ele colocava profunda intenção e atenção ao que se propunha a fazer, e, com isso, cada dia de sua vida era um passo mais próximo de grandes realizações. A vida dele não foi fácil e ele certamente cometeu muitas falhas, assim como qualquer indivíduo. Todavia não é disso que nos lembramos, pois os gestos de grandeza dele sobrepujaram sobremaneira os seus defeitos. Ele agiu com tamanha dedicação que as suas ações não se tornaram apenas uma lembrança para ele mesmo ou para os seus amigos, mas para a memória da própria humanidade.

O seu gesto mais impactante na recordação viva da raça humana está no trabalho artístico mais popular que existe: a *Mona Lisa*. Essa obra é tão memorável que no maior museu do Mundo, o Louvre, na França, ela tem uma parede exclusiva para ela, e turistas de qualquer origem a reconhecem quando estão diante desse quadro misterioso. Mas esse retrato não pode ser adquirido por qualquer pessoa, mesmo que possua muito dinheiro, pois é um patrimônio da humanidade (da França, na verdade). Curiosamente a imagem mais cara vendida em um leilão também é de Leonardo, e se chama *Salvator Mundi*, no valor estimado de 450 milhões de dólares.

Outra obra mundialmente célebre de Leonardo é *a Última Ceia*, que foi representada na parede de uma igreja em Milão. Nela, o pintor usa suas técnicas mais avançadas e experimentais, que incluem o uso de matemática para agigantar a complexidade do trabalho. Muitas pessoas também reconheceriam facilmente o desenho do *Homem Vitruviano*, mesmo que não soubessem que o seu autor foi Leonardo.

O que poucos sabem é que os pincéis e as cores não eram a primeira paixão de da Vinci, e sim a engenharia, especialmente a bélica. Por muitos anos ele tentou angariar as graças dos governantes das cidades italianas para empregar seus engenhos de guerra. Quis o destino que ele tivesse sucesso moderado nesses empreendimentos. Ele tentou, inclusive, criar uma tecnologia que fosse capaz de voar, algo parecido com um helicóptero. Da Vinci também investigou detalhadamente o corpo humano. A verdade é que a curiosidade e as áreas de atuação dele não tinham fronteiras.

No entanto todos esses fatos estão expostos à luz histórica para conhecimento de todos. O que poucos se dão conta é que uma de suas conquistas mais importantes é de âmbito emocional, e não pode ser mensurada pecuniariamente. Quando Leonardo morre, na jovem idade de 67 anos, ele tem ao seu lado o seu amado fiel amigo de longa data, apelidado de *Salai*, "o pequeno demônio", por causa de seus comportamentos reprováveis. Apesar de qualquer falha de caráter, Salai estava junto de seu mestre no último suspiro do renomado amigo. Não importa a nossa fortuna e fama, ou o que dirão de nós, apenas nossos amigos sinceros nos conhecem

FILOSOFIA PARA DORMIR

verdadeiramente e estarão conosco nos momentos mais difíceis. *"Nossos gestos deixam marcas na memória"*, especialmente daqueles que mais nos amam. <u>Valorize seus amigos</u>.

Não se esqueça de desligar o smartphone antes de dormir. Deixe para lembrar dos problemas apenas amanhã.

## 3.3 Elon Musk

*"Qualquer produto que precise de manual para funcionar está mal feito."*

Curioso e prodígio desde criança. Bem-sucedido em diversas áreas e imparável mesmo diante dos maiores fracassos. Admirado, criticado e incompreendido, como alguém muito à frente de seu tempo. As emoções às vezes não acompanham o ritmo da intelectualidade. Vive em um espaço indeterminado e limiar entre a loucura e a genialidade. Apesar da pomposa conta bancária, o que o move essencialmente é a paixão e obsessão pela inovação tecnológica e o desejo de romper os paradigmas do possível. Poderíamos ainda estar falando de Leonardo da Vinci, do capítulo anterior, mas, na verdade, estamos descrevendo superficialmente o megaempreendedor Elon Musk. Ele é tão controvertido e difícil de compreender que até mesmo o Word do meu computador sublinhou com linhas vermelhas o seu nome quando o digitei, como quem sugere que algo está errado.

É muito fácil olharmos para o passado e concordamos com o status quo que determina quem foram os grandes artistas e inovadores da história. Qualquer um hoje olha para um quadro de Monet e diz que ele foi um pintor excepcional. Contudo poucos na época dele e de tantos outros nomes consagrados foram capazes de fazer tal afirmação sem medo de estarem equivocados. É por isso que constantemente me pergunto quem são os nossos filósofos e artistas contemporâneos que estão escrevendo a continuação da história da civilização e desenhando o nosso futuro, e de quem podemos aprender grandes lições agora, sem precisar a confirmação do consenso em um futuro por vir. Assim como os profetas religiosos não foram aceitos pelos seus contemporâneos, pois vieram com uma roupagem difícil de ser aceita para os padrões de suas épocas, é muito natural que os grandes nomes da atualidade gerem certa desconfiança quando falam em uma linguagem desafiadora aos nossos ouvidos.

Os filósofos do passado sempre se preocuparam em interpretar e trazer luz sobre as questões que preocupavam e diziam respeito principalmente sobre o momento histórico em que viviam. É por isso que é custoso para nós enquadrar algum cientista ou empreendedor na categoria de filósofo, porém os fatos mostram que a linguagem que os filósofos de nossa época precisam falar é a da tecnologia, em suas diversas facetas, como informação, computação, robótica, viagem espacial, ambiental, e tantas outras nessa linha. E parece-me que os personagens mais aptos a nos conduzir por essa compreensão do mundo atual em que vivemos podem ser nomes de pessoas como as de Elon, que não recebem o título oficial de filósofos, mas que inquestionavelmente têm o mesmo papel dos mestres que estudamos nos livros de filosofia.

Elon Musk é um empreendedor africano-canadense-americano e está à frente de projetos como a SpaceX, que é uma empresa de soluções aeroespaciais; Tesla Motors, responsável pela engenharia de carros elétricos; OpenAI, instituição de pesquisa em Inteligência Artificial; Neuralink, que busca desenvolver a conexão entre o cérebro humano e computadores; e SolarCity, empresa de painéis de energia solar. Eu poderia continuar listando os projetos que ele encabeça sem esgotar as citações, pois até este livro chegar em suas mãos provavelmente Elon já terá inventado outras "maluquices".

Segundo ele, *"qualquer produto que precise de manual para funcionar está mal feito"*. Caro leitor, você já parou para pensar que o corpo humano e a vida não vêm com manual de funcionamento? Portanto não existem limites definidos para o que podemos fazer, e qualquer um de nós pode se tornar um Leonardo da Vinci ou Elon Musk; afinal de contas, não está escrito em lugar algum que isso não é permitido. E você, qual a contribuição que está oferecendo para tornar o mundo um lugar um pouco melhor? Não precisa ser algo excepcional; pode ser a grandiosidade de um simples sorriso ou a eloquência de um abraço carinhoso. Pense; e faça algo pela humanidade, e por si mesmo.

Nem para dormir precisamos de manual. Tudo funciona por conta própria. Basta fechar os olhos.

FILOSOFIA PARA DORMIR

## 3.4 Albert Einstein

*"E=mc²"*

Certa vez eu li na obra *Go for Gold*, do escritor John C. Maxwell, um pensamento que ficou comigo desde então. Maxwell é um autor, palestrante motivacional e empresário americano, e naquele livro ele dizia que cada um de nós é capaz de fazer alguma coisa nessa vida com tal maestria que isso seria uma marca única e exclusiva de nossa potencialidade, e que não poderia ser copiada por ninguém mais. Isso seria como uma digital da nossa inclinação natural para algo. Nem que outros tentassem com muito esforço, não poderiam chegar perto de nossa habilidade, pois teríamos mais facilidade do que eles para isso. O autor chegava ao ponto de dar a entender que cada pessoa teria um talento peculiar, ao qual ninguém poderia superar. Talvez a melhor maneira de pensar a respeito disso é imaginar que cada um teria dentro de si uma mensagem especial, que precisa ser expressa no mundo, e que apenas cada indivíduo, singularmente, poderia externar essa voz.

Podemos melhor apreciar essa ideia olhando para ela por outro ângulo. Tente pensar em alguma profissão ou atividade para a qual você definitivamente não tem aptidão. Agora tente pensar que existe alguém que tem extrema facilidade para isso que você não sente inclinação. Olhar essa pessoa com tal destreza nos dá a impressão de que o que ela faz é muito fácil, assim como o que nós somos capazes de fazer com maestria pode dar a sensação para as outras pessoas de que o que fazemos é muito simples. Quando nós desenvolvemos a nossa habilidade nata, é como se estivéssemos prestando um serviço às outras pessoas.

Einstein tinha a habilidade de ver o universo de um jeito simplificado que outras pessoas não seriam capazes de compreender com tal facilidade. Na famosa fórmula $E=mc^2$, ele consegue explicar até mesmo para alguém como eu, que compreende pouco de ciência, que energia (E) é igual à massa (m) vezes a velocidade da luz (c) ao quadrado. A velocidade da luz é de "apenas" aproximadamente 300 mil km por *segundo*!

Albert Einstein foi um cientista alemão que morreu em 1955 e que intuía o mundo a partir da ciência por uma perspectiva que raras outras pessoas conseguiam. Assim como a dona de casa que é hábil para ver pontinhos escuros de sujeira em cantinhos que ninguém se daria o trabalho de observar, ele era capaz de ver através de imagens mentais buracos negros em regiões do universo que até mesmo nos dias de hoje as mentes mais iluminadas da ciência têm dificuldade em encontrar.

Para todos os outros filósofos eu evito falar a respeito de suas mortes, mas, no caso de Einstein, é importante fazê-lo, pois é como se fizesse pouco tempo que ele partiu. A imagem dele ainda é muito reluzente em nossa memória coletiva. É como se ele fosse uma estrela no céu, que apesar de vermos agora, na verdade, emite uma luz que já não existe mais. A luz do Sol, que aquece os nossos dias, por exemplo, leva 8.3 minutos para chegar até a retina dos nossos olhos. Ou seja, se o Sol desaparecesse agora, levaria quase 10 minutos para nos darmos conta de que ele deixou de brilhar. Mesmo viajando à velocidade da luz, a imagem que temos do Sol não é instantânea, e precisa de alguns momentos para nos alcançar.

A estrela mais brilhante que conseguimos ver no céu à noite se chama *Sírio*, e pode ser vista de qualquer ponto do planeta Terra. A sua imagem demora oito anos viajando à velocidade da luz para chegar até nós. Se você olhar para o céu à noite e ver uma estrela que se destaca pelo brilho no meio de tantas outras, essa estrela é Sírio. Mas a percepção que você estiver registrando dela é apenas uma imagem do passado. Essa luz que você verá já não existe mais, assim como a memória de alguém que já partiu, mas que continua iluminando os seus pensamentos com tanta força como qualquer outra ideia. Quando entregamos o nosso melhor serviço, somos capazes de iluminar e auxiliar a vida das pessoas mesmo depois de nossa luz já ter se apagado. Procure no dia de amanhã oferecer o seu melhor trabalho.

Sono = Horas sem Dormir x Cansaço². Bom descanso.

# 3.5 Stephen Hawking

*"Mais rápido que a morte."*

Quando você pensa na capacidade física de alguém, presume-se que venha à sua mente a imagem de um atleta de alto desempenho, como por exemplo um corredor de elite dos 100 metros rasos, com um corpo que parece ter sido lapidado por um escultor da *Renascença*. Dificilmente você pensaria em alguém sentado em uma cadeira de rodas, sem condições de mover os braços e as pernas. O que acontece é que nós estamos equivocados quando olhamos para o corpo ou velocidade quando queremos julgar

FILOSOFIA PARA DORMIR

a habilidade física de alguém. A verdadeira força e movimento de um atleta não estão em seus músculos, e sim em sua mente.

Qualquer pessoa em condições normais pode realizar o que todo atleta olímpico é capaz de fazer, desde que se proponha a exercitar a sua força de vontade. Pensando assim, se fôssemos dar uma medalha de ouro para alguém que venceu todas as barreiras do corpo, Stephen Hawking absolutamente subiria no pódio em todas as competições esportivas, pois ele conseguiu superar em mais de 50 anos o prognóstico de um médico que afirmou no passado que ele tinha apenas dois anos restantes de vida, em virtude de uma doença degenerativa que causa a morte dos neurônios que controlam os movimentos voluntários. Hawking, por 50 anos, foi *"mais rápido que a morte"*.

Stephen Hawking foi um cientista cosmólogo que estudava nada mais nada menos do que as origens e o destino do universo. Não bastava "correr" mais rápido do que um atleta olímpico, ele ainda tinha a ousadia de ir mais alto do que um competidor de salto com vara. Esse atleta da mente nasceu na Inglaterra, em 1942, e viveu até a incrível marca de 76 anos de idade. Entretanto, apesar da sua velocidade intelectual, a sua grande contribuição para a humanidade foi desacelerar a sua rapidez cognitiva e tentar andar no ritmo do resto da raça humana, para que todos pudessem ter acesso, nem que mínimo, à ciência e ao conhecimento dos mistérios do universo.

É como se ele estivesse em uma maratona com margem de folga para cruzar a linha de chegada em primeiro lugar, mas preferisse voltar e perder a medalha, para ajudar alguém que estivesse machucado por último a não desistir. A bem da verdade é que, no caso do Hawking, é como se ele fosse tão rápido, que fosse capaz de cruzar a linha de chegada em primeiro lugar e ainda por cima voltar para ajudar a todos os que estivessem com dificuldades de finalizar a corrida. Ele fez esse gesto de humanismo ao escrever, em 1988 (ano em que eu nasci), o livro *Breve História do Tempo*, no qual tenta explicar a complexidade da ciência em termos que leigos em astronomia pudessem compreender.

Não satisfeito com a sua tentativa e convencido de que não tinha desacelerado o suficiente para ajudar as pessoas a alcançarem a ciência, ele escreve em 2002 o livro, *O Universo em uma Casca de Noz*, com ilustrações e explicações ainda mais didáticas, a fim de garantir que todos, definitivamente, vislumbrassem esse universo maravilhoso que habitamos. Raramente alguém que parecia ter tão poucas condições de ajudar fez tanto para soerguer não apenas uma pessoa, mas a humanidade inteira. Ele pode não ter recebido uma medalha de ouro por sua façanha na corrida da vida, todavia recebeu uma premiação que poucos humanos poderão vangloriar-se de expor em uma estante na sala de estar em casa: ele teve um asteroide nomeado *7672 Hawking* em sua homenagem.

É este o impacto sísmico que uma mente disposta a vencer é capaz de causar: ela faz um atleta de elite correr como o vento, ou permite alguém que não pode sequer caminhar voar tão alto como um cometa. A diferença é que alguns usam a sua luminosidade para tentar ser melhor do que os outros, enquanto humanistas usam a sua estrela para auxiliar outras pessoas a se tornarem melhores. Se esse gigante chamado Hawking conseguiu ajudar a humanidade, mesmo sem ser capaz de mover um músculo, então nós podemos ajudar alguém, nem que seja a nós mesmos. Faça algum gesto de caridade amanhã.

Desacelere a sua mente agitada, e durma bem. Boa noite.

## 3.6 Auguste Comte

*"Amor como princípio e ordem como base; progresso como objetivo."*

Ordem e progresso. Onde foi que você já viu essas palavras? Na bandeira nacional do Brasil. Elas foram inspiradas nas ideias do filósofo francês Auguste Comte. Entretanto faltou a palavra primordial: amor; porque a frase completa do seu raciocínio lógico é **"amor como princípio e ordem como base; progresso como objetivo"**. No livro *"Por que?"*, o autor Simon Sinek nos diz que precisamos responder três perguntas para nos motivarmos para a ação. A primeira é: *o que* fazemos? A segunda: *como* fazemos? E a última, e mais importante é: *por que* fazemos o que fazemos?

Dizer que você é um profissional de alguma área e que atua de certa forma porque precisa do dinheiro é muito diferente de dizer que *age porque sente que nasceu para fazer aquilo*. Todos nós temos alguns objetivos ou desejos na vida e o motivo mais poderoso para nos ajudar a chegar até lá sempre há de ser o amor, especialmente quando se constrói um país; o progresso é um objetivo nobre e a ordem é, sem dúvidas, a melhor estratégia para chegar, pois garante que todos cheguem juntos e ilesos, e fazer isso porque o amor

FILOSOFIA PARA DORMIR

nos move garante que tenhamos vontade suficiente para alcançar o ideal. É uma pena que a palavra amor tenha disso omitida da bandeira nacional.

Como brasileiro, foi uma grande surpresa para mim descobrir que a influência principal para a criação de sua bandeira foram as ideias desse grande filósofo que, aliás, permeia nossas vidas mais do que poderíamos imaginar. Auguste Comte nasceu na França, em 1798, e viveu até os 59 anos. O seu corpo está enterrado no cemitério Père Lachaise, em Paris, mesmo local onde estão Jim Morrison, Chopin e Oscar Wilde. Suas ideias, no entanto, estão tão vivas como nunca. Dentre algumas de suas principais filosofias que chegam até nós hoje estão o *Positivismo* e a *Religião da Humanidade*. Ele teve uma vida intensa e conturbada. Diagnosticado com loucura, ele chegou a ficar internado em um hospital psiquiátrico, mas fugiu de lá. Em algum momento da vida, tentou se suicidar, pulando da ponte dos cadeados do amor, Pont des Arts. E viveu um intenso amor pela escritora Clotilde de Vaux; contudo, o sentimento deles nunca foi consumado, pois ela era casada.

Um país secular ou laico é aquele sem posicionamento algum com relação à religião das pessoas. Em um Estado assim, a religião é uma liberdade de escolha absoluta e respeitada. Estados Unidos, Chile, Uruguai e Austrália são exemplos de nações seculares. Estados confessionais são aqueles que professam uma religião, mas que respeitam possíveis diferenças, como é o caso da Inglaterra. Já uma teocracia apresenta sistema de governo baseado na religião mais rígido, o que não impede de respeitar possíveis diferenças religiosas de seus súditos, como é o caso da Arábia Saudita. Portanto a ideia de Comte de criar uma Religião da Humanidade que fosse secular parece contraditória, mas o seu objetivo era manter os bons costumes das religiões, sem precisar das promessas de paraíso feitas por um Deus que ele rejeitava; e, ao invés de santos, sua religião idolatrava os grandes cientistas, filósofos e nomes que contribuíram positivamente para o desenvolvimento humano.

Entretanto em sua filosofia final do Positivismo, Comte tirou de nós a necessidade de pensar no "porquê" das coisas. Para ele, vale mais focar a atenção no "como". O Positivismo consiste na observação dos fenômenos a partir de dados concretos. As empresas viriam a fazer grande uso dessa ideia e é daí que surge a base para a solução de problemas conhecida como: planejar, executar, avaliar, e agir. Talvez seja por isso que a palavra amor tenha sido omitida da bandeira do Brasil. Será que o amor deixa de ser necessário quando Deus deixa de ser matéria de importância na filosofia e até na construção de um país? Será possível viver e até trabalhar sem amor?

Para que servem a ordem e o progresso se não houver amor? As empresas aos poucos perceberam que sem o "por que" do amor o trabalho não tem sentido. Por que você irá levantar amanhã?

Tenha sonhos positivos. Amém.

## 3.7 Jackson Pollock

*"Para ser diferente é preciso mudar de posição."*

Jackson Pollock não disse isso; ele fez. ***"Para ser diferente é preciso mudar de posição"***. Os pintores filosofam geralmente sem o uso das palavras. Enquanto os filósofos esmeram-se para que os seus pensamentos sejam compreendidos a partir de frases e jargões, os pintores preferem jogar as suas ideias em um quadro e deixar que os espectadores cheguem às suas próprias conclusões.

Resumidamente, a arte pode ser compreendida em três etapas generalistas dentro da história da pintura e da técnica do artista. A primeira, quando os homens fizeram gravuras rudimentares em cavernas, como quem começa a aprender uma nova habilidade. Na segunda, já bem mais desenvolvida, a arte de pintar é dominada pelo homem, e podemos ver claramente o que ele quer transmitir, como quando vemos uma pintura de Vermeer. No terceiro momento, o artífice já domina com maestria a sua técnica e se aventura pela desconstrução de tudo o que aprendeu, um exemplo disso é o cubismo de Picasso. Nessa última fase, a terceira, o mestre ultrapassa uma linha invisível, em que ele foge do que possa representar o familiar, e é aqui que entra Pollock, e, por algum motivo misterioso, o que vemos, apesar de confuso, faz sentido e mexe conosco.

A evolução da pintura não representa apenas uma melhoria nas técnicas de trabalho, mas também o progresso na capacidade do ser humano em pensar e compreender o mundo. A filosofia também poderia ser grosseiramente forçada a ser dividia, só que em quatro momentos, ao invés de três. No primeiro, o ser humano descobre a capacidade "rudimentar" da fala. Muito tempo depois, está filosofando pelas ruas da Grécia. Milênios mais tarde, o pensamento começa a ser reconstruído com o Renascimento e o Iluminismo. E finalmente, chegamos em nosso momento atual e tecnológico, em que as mudanças são extremamente rápidas, no qual o passado já não consegue mais responder às novas perguntas sociais, e

FILOSOFIA PARA DORMIR

todos são convidados a interpretar a filosofia de acordo com a perspectiva subjetiva de experiência de cada um, assim como cada observador deve atribuir sua própria interpretação a uma obra expressionista abstrata de Pollock. Vivemos um momento histórico de intensidade emocional que lembra o *expressionismo* da pintura, combinado com a nossa incerteza ao que está acontecendo que remete ao *abstracionismo* artístico.

Quem sabe chegou a hora de fazer como Jackson e mudar a maneira como nos posicionamos na vida e na filosofia. Seguir a fórmula utilizada até aqui, por mais que tenha sido minimamente eficiente, já não nos servirá mais em um mundo tecnológico de mudanças exponenciais. Mesmo pintores geniais que resolveram desafiar as regras da arte acadêmica sempre pintaram com uma tela sobre um cavalete ou em uma parede. Com o *cubismo*, Picasso observou os objetos a serem pintados por diversos ângulos e criou efeitos desconcertantes sobre a imagem que o observador veria. Entretanto Jackson foi muito além. Ele não apenas se jogou para depois da linha fictícia da compreensão da imagem sobre a tela, como também arrancou a tela do cavalete e a jogou no chão; e ao invés de deslizar o pincel sobre o quadro, começou a deixar que a tinta escorresse pelo pincel e caísse sobre o painel, técnica conhecida como *dripping* (pingando, em inglês). Também já não era mais apenas a mão do artista que se movia para desenhar, agora é o corpo inteiro do criador que anda ao redor da trama, enquanto as cores vão dando vida a algo completamente inusitado e disforme.

A revolução tecnológica está chegando ao seu apogeu. Quando nos encontrarmos diante desse momento, seremos convidados a cruzar uma linha imaginária que nos obrigará a mudar radicalmente o nosso posicionamento no mundo, e nem mesmo a filosofia nem a religião escaparão a essa metamorfose. Precisamos compreender que chegou o momento de reaprendermos constantemente. Se você já está há mais de cinco anos no mesmo emprego, pense em mudar de posição no futuro, ou aprender novos conhecimentos que lhe proporcionarão novas oportunidades.

Por agora, basta dormir em uma posição confortável.

# 3.8 Demócrito

*"O riso nos torna sábios."*

Muitos imaginam que a filosofia, a religião, a arte e a ciência são áreas do conhecimento para pessoas sérias. Nada poderia estar mais longe da verdade. Se você procurar na internet, vai descobrir que a foto mais popular de Albert Einstein apresenta ele sorrindo e mostrando a língua como se fosse uma criança marota, em um gesto de descontração e bom humor. Caso procure conhecer um pouco mais sobre o filósofo de hoje, vai descobrir que ele também é retratado pela imagem de alguém sorridente. E não é apenas pela representação risonha que Einstein e Demócrito se relacionam; Demócrito, esse carismático filósofo, também é considerado como o pai da ciência moderna, por causa de suas teorias atômicas. As relações curiosas e divertidas não param por aí. Por alguma razão desconhecida, o aclamado pintor holandês, Rembrandt, produziu um autorretrato intitulado *O Jovem Rembrandt como Demócrito, o filósofo que ri,* em que aparece rindo como se tivesse acabado de ouvir uma piada.

Demócrito foi um filósofo pré-socrático que nasceu em Mileto, região que fica localizada na atual Turquia, e que hoje é lembrado também como o filósofo que iniciou o debate sobre a constituição atômica de todas as coisas no universo. Segundo ele, tudo o que existe é feito de átomos. Átomo significa partícula indivisível, portanto se pegássemos qualquer objeto e começamos a separá-lo em partes cada vez menores, chegaríamos a um ponto em que não poderíamos mais continuar a divisão, pois teríamos encontrado a partícula de átomo. Além de ser indivisível, essa partícula também seria eterna. Tudo isso ele imaginou no ano de 370 antes de Cristo, e a ciência levaria mais de 2 mil anos para conseguir estudar suas teorias de forma apropriada.

Outra teoria filosófica de Demócrito era a de que o universo seria infinito, e de que nele deveriam de existir diversos planetas e formas de vida como a nossa. Entretanto, com relação a vidas em outros corpos celestes, a ciência ainda não conseguiu chegar a termos. Também não somos capazes de comprovar cientificamente as palavras de Demócrito de que *"o riso nos torna sábios",* no entanto podemos admitir que, definitivamente, o ato de sorrir e a leveza no viver tornam o cotidiano mais agradável, e essa pode, sem dúvidas, ser uma postura recomendada também na filosofia.

FILOSOFIA PARA DORMIR

Entretanto nem sempre as teorias filosóficas, religiosas, artísticas ou científicas nos ajudam a dar boas gargalhadas, e, para esse fim, talvez seja melhor recorrermos a um bom show de comédia, e certamente os humoristas são pessoas geniais, pois são capazes de nos ajudar a ver o mundo por uma perspectiva completamente inusitada. Um bom exemplo é o comediante Russell Peters, que consegue fazer brincadeiras de forma agradável e respeitosa com temas preocupantes como o terrorismo islâmico, o preconceito entre culturas, e as curiosidades das diferenças e semelhanças entre os variados idiomas do Planeta. Inegavelmente, precisamos de uma estratégia inteligente para unir as pessoas por meio do bom humor e da felicidade, até porque o mundo anda preocupantemente nervoso demais.

Também é de Demócrito o belo pensamento de que ao sofrermos uma injustiça, devemos nos consolar, pois a verdadeira infelicidade é cometer um ato de maldade. O nosso exercício filosófico para hoje é perceber que a humanidade anda focada demais na violência e na negatividade, e de que precisamos nos proteger contra esse vírus destruidor. Acredita-se que Demócrito tenha vivido até os 90 anos; provavelmente o riso tenha contribuído para a sua longevidade. Entretanto será que além da irritação que o cotidiano joga sobre nós, não somos nós mesmos muitas vezes rabugentos por causa de questões insignificantes? O seu desafio para amanhã será passar o dia inteiro sem reclamar e sorrindo constantemente para tudo e todos.

De acordo com a ciência, se não conseguimos dormir, é porque estamos sem sono ... kkk : )

## 3.9 Beethoven

*"Não apenas pratique a sua arte, mas force a sua passagem para dentro de seus segredos, porque a arte e o conhecimento podem elevar o homem até o divino."*

Eu tenho uma relação de curiosidade <u>obsessiva</u> com o número <u>nove</u>. Tudo começou quando a voz da música *Revolution 9*, dos Beatles, sussurrou em minha mente, mesmo antes de eu sequer conhecer tal composição. Sempre que eu pedia aos meus alunos nas aulas de inglês para abrirem os livros em alguma página, no fundo da minha mente cochichava suave e repetidamente a frase: *number nine; number nine; number nine.* Eu nem escutava Beatles naquela época. Só depois de algum tempo fui descobrir a origem daquela voz, dessa que não é nem mesmo uma canção popular do grupo, fato que ajuda a aumentar a minha incapacidade para justificar o que aconteceu.

O número nove, para mim, agora está em todos os lugares. Como que por obra do destino, ontem, quando eu me preparava para escrever este capítulo, eu conheci, no curso de filosofia, a futura mamãe Cláudia, que em breve dará a luz. Foi conversando com ela que me dei conta de que o período de gestação dura curiosamente <u>nove meses</u>. Meu espanto foi ainda maior quando ela revelou o nome da criança que estava para vir: <u>Francisco</u> – que tem nove letras. Chamou-me muito a atenção o adjetivo que a Cláudia utilizou para descrever o seu sentimento pela criança que carregava dentro de si, como sendo um amor obsessivo que a faz perder totalmente o interesse por tudo o que acontece ao seu entorno e a faz pensar apenas no seu filho e nos movimentos dele dentro da sua barriga. Isso me fez imediatamente refletir sobre o meu amor obsessivo pela <u>Filosofia</u>. Inefável foi o meu espanto ao me dar conta de que as palavras, "obsessivo" e "Filosofia", ambas têm, cada uma, nove letras.

Obsessiva também era a paixão do compositor alemão <u>Beethoven</u> pela música. Nem mesmo a debilidade auditiva quase total o fez desistir de trabalhar com aquilo que ele mais amava. Uma das definições para obsessão é a de alguém que está irresistivelmente motivado para realizar um ato irracional. Era ilógico querer ser um compositor sendo quase completamente surdo. Entretanto a definição da palavra obsessão trazida por Beethoven me agrada muito mais: *"Não apenas pratique a sua arte, mas force a sua passagem para dentro de seus segredos, porque a arte e o conhecimento podem elevar o homem até o divino"*. A busca pelo divino não pode ser explicada pela lógica racional da ciência, assim como é quase impossível acreditar que alguém no cume de sua debilidade auditiva tenha sido capaz de compor a obra orquestral genial e célebre, a <u>Nona Sinfonia</u>. Beethoven também ficou conhecido como o compositor símbolo da <u>liberdade</u>, por romper com os impedimentos dos paradigmas musicais da época. A liberdade não é apenas um direito que se usufrui, mas uma dádiva que se conquista!

O número nove também está curiosamente infiltrado na Filosofia. Na <u>mitologia</u> grega existiam as <u>nove musas</u>, que eram entidades a quem eram atribuídas a capacidade de inspirar a criação artística ou científica. Sócrates ficou conhecido pelo conceito de <u>Maiêutica</u>, que significa parto de ideias. Ele escolheu esse título, pois a sua mãe era parteira e ele associou a ideia de conceber ideias elevadas ao ato de gerar uma vida.

FILOSOFIA PARA DORMIR

A obsessão pode ser um traço perigoso, pois pode fazer-nos beirar o exagero psicológico. Entretanto é essa fixação inexplicável por algo que deu origem a grandes artistas, excepcionais obras de arte, e elevados pensamentos filosóficos. Além do mais, essa emoção poderosa infla em quem a recebe o espírito de motivação inabalável para acordar todos os dias em busca de realização. Eu sou obcecado pela Filosofia de uma forma difícil de compreender. O amor de uma mãe é inexplicável e incalculável. A paixão do artista é ilógica. E você, existe algo pelo qual é obstinado, capaz de dar a própria vida, e vencer qualquer desafio? A propósito, caso não tenha percebido, o nome Beethoven também tem nove letras.

_Faço votos para que você tenha nove sonhos **adoráveis**._

# 3.10 Heráclito

_"Ninguém pode entrar duas vezes no mesmo rio."_

Dez metros de altura, pelo menos. Lá embaixo, a corrente de água. Após vencer o medo que me paralisa, eu pulo. Depois de subir de volta ao topo daquele monte de pedras, eu pulo novamente. Meus amigos fizeram o mesmo. Felizmente todos estão vivos para contar essa história. Coisas de adolescentes imprudentes. Hoje em dia eu não faria a mesma coisa, pois eu mudei completamente. Não que a minha coragem tenha diminuído; ela hoje é até muito mais poderosa. Fato é que atualmente eu a utilizo em situações mais significativas e que não coloquem em risco a minha vida a troco de nada. É incrível pensar nas mudanças que se operam dentro de nós quando amadurecemos.

Certamente o meu exemplo de se atirar duas vezes do alto de um rochedo não vale como comparação ao que Heráclito estava se referindo quando proferiu que _**"ninguém pode entrar duas vezes no mesmo rio"**_. O que ele estava querendo dizer é que tudo na vida é transitório e não permanece igual, nem mesmo no curto espaço de tempo de um segundo para o outro, e o exemplo prático que usou para ilustrar isso foi o de um rio. Antes de entramos no rio pela primeira vez, nós somos uma pessoa, e quando saímos para entrar uma segunda vez, mesmo que transcorrido apenas um curtíssimo período, já teremos sofrido algumas transformações. E mesmo que as nossas mudanças pessoais tenham sido imperceptíveis, o próprio rio que recebe o nosso corpo também já não é mais o mesmo, pois as águas que nos tocaram no princípio foram embora com a correnteza, e agora são novos fluidos que nos acariciam. Em cada oceano das experiências da vida, o nosso banhar-se é sempre diferente, seja em nosso encontro com as águas da profissão que escolhemos, ou do contato da nossa alma com o rio do amor.

É curioso que a teoria da constante fluidez da vida parta de um filósofo conhecido como obscuro e intransigente. A única relação que podemos fazer de sua personalidade com a sua teoria é com o apelido que ele recebeu, de além de ser o filósofo taciturno, também ser chamado de o filósofo que chora. Conhecer a história da vida de Heráclito é como ler uma poesia que banha nossos olhos com lágrimas. A vida desse filósofo pré-socrático é o oposto da vida de outro filósofo que estudamos anteriormente, Demócrito, que era conhecido como o filósofo do riso.

Perceba a trágica e triste ironia da vida de Heráclito, que contraiu a doença da hidropisia (acumulação de líquido no corpo), e que não quis dar ouvidos aos médicos, cujos conhecimentos ele repudiava. E, apesar deles terem lhe recomendado tratamentos apropriados, Heráclito preferiu recorrer a curandeiros e práticas duvidosas de cura a partir do esterco. Ele teve uma morte ridiculamente triste.

Como pode que o filósofo que falou da constante alteração do Mundo, tenha ele mesmo sido teimoso e inflexível em aceitar as recomendações dos profissionais da saúde diante de uma doença grave? Não podemos julgá-lo de todo, pois de fato, naquela época, a especialidade médica estava em seu estado inicial e ele repudiava completamente essa nova ciência. Provavelmente ela não pudesse tê-lo salvo, mas teria pelo menos evitado que morresse da maneira absurda como sucedeu. Entretanto até mesmo as lágrimas que derramamos ao conhecer a sua história servem para nos ensinar a reconhecer que nós somos, muitas vezes, intolerantes com novas ideias e com as pessoas que não conhecemos.

O nosso exercício filosófico para hoje e amanhã é reconhecer que somos, mesmo que sem querer, frequentemente, preconceituosos em situações que nem mesmo percebemos. A tarefa prática que proponho a nós é estudar um estilo musical do qual não gostamos e aprender a respeitar e elogiar os pontos positivos que conseguirmos encontrar, para depois transladar essa prática para outros mares de nossa vida. Não podemos nos atirar de cabeça em qualquer rio, mas não podemos nos esquivar de nos banharmos em águas desconhecidas.

Imagine-se dormindo ao som de gotas de chuva ressoando no telhado.

## 3.11 Ray Dalio

*"Para enriquecer é preciso meditar."*

Quem nunca pensou em ficar financeiramente rico? E qual seria a melhor forma de alcançar a riqueza? Se quiséssemos aprender esse segredo, a melhor estratégia para acelerar o processo seria perguntar a alguém que já é rico o que fazer para chegar lá, certo? Em certo momento da minha vida, tive a convicta intenção de entender como ganhar muito dinheiro. Por óbvio, eu não queria aprender apenas a como acumular bens e cédulas de real em uma conta bancária, eu queria também a liberdade e a tranquilidade que a fortuna aparentemente pode comprar. Quando eu me joguei nesse universo desconhecido, eu imaginei que iria estudar muito sobre finanças. Para a minha surpresa, as coisas foram bastante diferentes.

Ray Dalio é um investidor bilionário norte-americano. Ele é o fundador da empresa de investimentos Bridgewater Associates e, segundo a mídia e outros empresários, ele foi capaz de sobreviver às maiores crises da economia mundial, sempre com resultados monetários positivos para si e para seus clientes. A atividade profissional dele e de sua empresa consiste basicamente em receber o dinheiro de clientes que não sabem exatamente como investir em mercados de capital de riscos variados, e fazer esse trabalho por eles, garantindo que tenham o melhor resultado possível. Porque Ray foi capaz de retornar bons montantes aos clientes, mesmo em tempos difíceis, os investidores sentem confiança na estratégia dele e lhe conferem montantes cada vez mais elevados para aplicar. O mercado de alocação de recursos financeiros cresce à medida que a confiança em bons resultados é alta, e Ray Dalio certamente tem altíssima credibilidade perante os seus clientes. Claramente esse parece ser o professor ideal para ensinar alguém que deseja ficar rico. E sem dúvida foi.

Eu não fiquei milionário, porém absolutamente encontrei a minha riqueza. Nesse meio, existem muitos charlatões prometendo grandes resultados. Dalio certamente não é um deles. Ele é um homem de palavras honestas e diretas. O Ray teve influência e contato com o mercado financeiro desde muito jovem, e isso o inspirou profundamente a conhecer e dominar a profissão de multiplicar fortuna. Em suma, eu compreendi que ele e os bilionários do Mundo são apaixonados pelo que fazem, e logo acabam alcançando muito retorno pecuniário em suas áreas de atuação. Quando pessoas de fora, assim como eu, olham para as benesses deles, queremos conquistar as mesmas riquezas, mas o segredo deles não é acumular o dinheiro em si. O sucesso deles está em encontrar uma profissão pela qual são apaixonados e dedicar-se de corpo e alma por isso. É apenas um golpe de sorte do destino que tal profissão esteja relacionada com fazer fortuna. Portanto ninguém fica riquíssimo apenas porque quer ser, mas sim porque gosta do processo árduo e intelectualmente complexo de trabalhar em áreas que proporcionem essa oportunidade. A regra número um de Dalio é descobrir a nossa paixão.

Para meu total espanto, o segundo ponto que aprendi com Ray foi o da importância da meditação (aquela de sentar em silêncio), e que *para enriquecer é preciso meditar"*. Eu não esperava ouvir isso de alguém radicalmente cético e racional como ele, por isso as palavras dele tiveram mais impacto em meus ouvidos. Ele revelou em uma entrevista que pratica a meditação de fechar os olhos e respirar todos os dias, por pelo menos 10 minutos, e que isso tem sido fundamental para o seu sucesso profissional. Depois de pesquisar outros empresários bem sucedidos, eu descobri que a grande maioria é adepta da meditação. Agora, enquanto escrevo, já se vão três anos que eu pratico essa arte todos os dias.

Com Ray, descobri que, na verdade, eu não queria ficar riquíssimo, pois isso dá muito trabalho e estresse. Na verdade, eu queria descobrir algo que me inspirasse paixão em viver, e isso conquistei por meio da minha vocação (professor de inglês, filosofia e escrita) e da meditação. O desafio para você será meditar 3 dias nessa semana por 5 minutos, em uma posição confortável, de olhos fechados, e pensar apenas em ideias positivas.

Que os seus sonhos sejam ricos em fantasias espetaculares e alegres.

## 3.12 Morris West

*"Devemos encontrar entre espinhos o perfume de rosas prestes a desabrochar."*

Hoje, quando sento para falar desse autor romancista, já faz mais de 10 anos que me recordo de ter anotado a frase que hoje trabalharemos. Tive que procurá-la muito até encontrá-la em minhas notas. Quando a registrei, sabia que iria utilizá-la algum dia para algo importante e fiquei feliz quando achei uma utilidade para ela, mesmo muitos anos depois e, principalmente,

FILOSOFIA PARA DORMIR

de ter encontrado a anotação escrita à caneta na contracapa de meu livro de estudos filosóficos.

Fiquei contente por ter conservado aquele velho livro, que passou de estante em estante, e até mesmo de casa em casa, enquanto me mudava de uma residência para outra, assim como uma memória velha que insiste em nos acompanhar aonde quer que vamos. Eu não registrei de qual dos livros do autor eu retirei a frase. Além disso, eu também não consegui recordar o motivo que me fez anotar essa ideia a respeito da rosa com espinhos e de que isso se tratava. Hoje eu terei que sentar e encontrar uma forma de compreender o que essa frase quer dizer dentro de um novo contexto.

Morris West é um consagrado escritor australiano que viveu entre 1916 e 1999 e que vendeu mais de 60 milhões de livros, os quais foram traduzidos para mais de 27 idiomas. Apesar de todo o seu sucesso como escritor, eu nunca encontrei alguém que compartilhasse do mesmo apreço que eu tenho por ele, ou que sequer soubesse da existência dele. Quem sabe seus fãs estejam espalhados por outras partes deste vasto Mundo.

Um fato que pode dificultar o reconhecimento ao longo do tempo de seu trabalho é o de ele ter escrito sobre questões principalmente ligadas à religião, e talvez eu mesmo não teria descoberto o autor se não tivesse retirado o seu livro, *O Advogado do Diabo*, em uma estante da biblioteca da faculdade por engano, achando tratar-se do livro que deu origem ao filme com o mesmo título. Foi um engano feliz, pois depois daquele livro eu fui cativado e hoje já devo ter lido quase todos os escritos do autor. Ele é o tipo de escritor que prende a nossa atenção, mesmo quando trata de temas que poderiam raramente despertar nosso interesse.

Outros títulos muito bem elaborados por ele são *As Sandálias do Pescador* e *Um Mundo Transparente*, sendo que nesse último ele foca em um romance fictício que fala da vida de Carl Jung, discípulo do psicanalista Freud, e que é uma leitura curiosamente perturbadora. Morris West viveu 12 anos de sua vida em um mosteiro e suas obras focam geralmente em temas envolvendo a Igreja Católica.

Outro autor mundialmente reconhecido, que também fala de uma rosa com espinhos, é Antonie de Saint-Exupery, que escreveu *O Pequeno Príncipe*. Nesse livro, a rosa com espinhos revela uma personalidade exigente e mimada pelos cuidados do pequeno príncipe, que faz de tudo para manter o amor entre ambos vivo, apesar da personalidade espinhosa da flor. Foi com base nesse livro que eu encontrei a inspiração para compreender as palavras de Morris West, que dizem que *"devemos encontrar entre espinhos o perfume de rosas prestes a desabrochar"*.

O amor que nutrimos por algumas pessoas é como uma rosa espinhosa, que, apesar de poder ferir quando chegamos muito perto, também pode nos encantar por seu perfume e beleza. E frequentemente as pessoas que mais nos machucam são justamente aquelas que mais amamos e de quem mais somos íntimos, pois, assim como essa flor, elas só são capazes de ferir quando realmente chegamos muito perto. De longe todas as rosas são sempre belas e cheirosas e não podem machucar. Entretanto depois de nos surpreendermos pela primeira vez com a dor do toque nos espinhos, ficamos mais atentos para não nos arranharmos uma segunda vez.

Viver com outras pessoas é um passeio por um jardim com rosas. Apesar de lindo, é preciso ter cuidado para não nos ferirmos. Só não esqueçamos que nesse jardim nós também somos uma rosa e podemos machucar. Em nosso convívio diário nós somos rasgados e também rasgamos. No entanto devemos focar nossa atenção no perfume e na beleza, pois a dor passa, mas a memória do perfume é eterna. Saibamos ser fragrância, aprendamos a podar nossos trejeitos cortantes, e sejamos pacientes para cultivar a terra.

Deixe-se tocar pela carícia do cansaço e feche-se em sono como uma mimosa pudica.

## 3.13 Sigmund Freud

*"O pensamento é o ensaio da ação."*

Imagine, você sendo homem, entrar em um restaurante na companhia de sua bela namorada e mais dois casais de amigos, e ser recebido por uma atraente garçonete e pedir, sem querer, uma mesa para sexo, em vez de uma mesa para seis. Ou visualize a cena: você sendo mulher, ouvir o seu amigo musculoso, bonito e gentil falar de seus problemas com a namorada, e você, sem querer, diz: "que pênis!", quando queria ter falado "que pena". Da próxima vez que algo assim acontecer, você pode se justificar dizendo que foi vítima de um *lapso freudiano*, ou apenas *ato falho* (não confundir com falo). Mas se quiser garantir que a sua defesa será irrefutável, pode usar a nomenclatura científica, *Parapráxis*, ou, ainda, a expressão em latim, *lapsus linguae*. Entretanto nenhum ato de nossa personalidade é tão falho como quando "dizemos" através de nossos gestos "eu te odeio!", quando, na verdade, tudo o que gostaríamos de "gritar carinhosamente" é: "eu te amo".

O trabalho dos doutores da mente é explicar porque o nosso cérebro falha, e certamente Freud escancarou as portas de nossa psique para que pudéssemos entrar nesse recôndito desconhecido e ficar o mais à vontade possível. Sigmund Freud nasceu na República Tcheca, em 1856, e foi um médico neurologista que desenvolveu a teoria da *Psicanálise*. Isso quer dizer que ele não era nem psicólogo nem psiquiatra, pois cada um tem uma abordagem e uma proposta de tratamento diferente. O que desencadeou a curiosidade de Freud para iniciar suas pesquisas a respeito do funcionamento cerebral foi a observação dos bons resultados no tratamento de pacientes com psicose por meio do uso da hipnose. A partir disso, ele constatou que muitas das doenças da "cabeça" eram de teor psicológico e não orgânico. É daí que nasce a inspiração para o conceito de inconsciente.

Todo mundo já deve ter ouvido falar das expressões cunhadas por Freud, *Id*, *Superego* e *Ego*. Contudo o que será que elas querem dizer? De acordo com Sigmund, o *Id* seria os nossos instintos básicos que só querem prazer o tempo todo. É a parte do cérebro que quer comer coisas deliciosas e não tão saudáveis, ao invés de manter a dieta; transar com todas as pessoas que achamos atraentes; e ficar em casa sem fazer nada o dia todo.

O *Superego* por outro lado contém as virtudes morais, as normas de conduta sociais e o autocontrole. Nessa área ficam alojados os nossos ensinamentos sobre a importância para a longevidade de manter uma dieta saudável; respeitar as normas sociais de nossa cultura a respeito das relações sexuais; e ir em busca de nossos ideias de vida que nos façam realizados à longo prazo.

Como as duas primeiras partes estão em visível desacordo, o *Ego* deve agir como o equilíbrio entre elas. Normalmente nós não nos damos conta dessas forças atuantes, pois elas estão escondidas em nosso inconsciente. Portanto é papel do *Ego* gerenciar as duas vontades de maneira que consigamos ser responsáveis, ao mesmo tempo que tenhamos nossos desejos realizados dentro de um limite aceitável. Qualquer desequilíbrio nessa balança pode ser um convite a fazer uma visita ao nosso terapeuta.

Entretanto essa caixa poderosa dentro de nosso crânio é uma máquina complexa; nem mesmo Freud foi capaz de desvendá-la por completo. É um erro acreditar que deveríamos procurar um profissional da mente apenas quando estamos "loucos". Todos nós deveríamos procurar auxílio profissional para compreender e tirar o melhor proveito de todo o poder de nosso cérebro. O convite filosófico de hoje será visitar algum terapeuta apenas para conversar, ou, quem sabe, pelo menos meditar em silêncio todos os dias por alguns minutos. Nós temos a responsabilidade conosco mesmos de nos conhecermos melhor. E muito cuidado com o que você pensa, pois *"o pensamento é o ensaio da ação"*. Muitas vezes nos sabotamos por causa dos pensamentos que alimentamos.

Sonhe com muitas barras de chocolate Milka de cookies, digo, com a felicidade.

## 3.14 Carl Jung

*"Ser normal é a meta dos fracassados."*

Por que haveríamos de querer apaziguar os demônios de nossa mente quando são justamente eles que podem nos propulsionar para alcançar patamares de criatividade e inspiração inimagináveis pela preguiçosa paz de espírito? Todos os célebres trabalhos que admiramos são o resultado de mentes profundamente inquietas. Nada de genuinamente interessante é produzido por pessoas normais, equilibradas e felizes. Aqueles que vivem dentro da caixa da razão morrem e logo deixam de ser lembrados. Quem ousa beijar a loucura nos lábios, encontra a vida eterna na memória de seus grandes atos que serão recordados pela eternidade.

No mês de setembro do ano 2000, um artista oprimido pelo estresse profissional e atormentado pela depressão e ansiedade resolve chocar o mundo da moda em Londres. Antes do início do show, ele mantém os repórteres esperando por duas horas, olhando apenas para uma gigante caixa espelhada, obrigando-os a encarar o próprio reflexo. Isso é parecido com o que fazemos quando não deixamos as pessoas olharem dentro de nossa essência. Ao fim do tempo de espera, luzes se acendem no palco principal, e agora é possível, para quem está do lado de fora, espiar dentro da caixa. Entretanto agora as modelos do lado de dentro do quadrado não conseguem ver o que acontece do lado de fora. Quando abrimo-nos para o exterior, de repente não conseguimos mais compreender o que acontece à nossa volta. Pouco antes do fim do desfile, mais um baú de vidro grande se abre no meio do palco. O que está dentro dele é horrível e repugnante, como num filme de terror. No entanto não conseguimos desviar o olhar.

Todos aplaudem, fascinados pelo trabalho de Alexander McQueen, o gênio rebelde e doentio do universo fashion.

Haveríamos de supor que, por estudarem a psique, os terapeutas seriam as pessoas mais normais do Mundo. Contudo provavelmente são eles que andam mais próximos do abismo da loucura do que qualquer outro ser humano. E por segurarem o giz que delineia as linhas da sanidade, é difícil saber quando eles resolvem apagar a separação que eles mesmos desenharam.

Certamente Carl Jung andou por desfiladeiros da mente onde poucos ousariam se aproximar. Inicialmente discípulo de Freud, Jung resolveu trilhar as próprias convicções científicas e romper o cordão umbilical da dependência intelectual, como todo bom filho rebelde. Que bom que ele o fez, pois assim deu vida a teorias terapêuticas e filosóficas brilhantes que, mais uma vez, apenas uma alma insatisfeita pode produzir.

Jung foi um psiquiatra suíço que fundou a psicologia analítica. O que diferencia Jung da teoria psicanalítica de Freud é a definição de inconsciente coletivo, que diz que nossa constituição psicológica inconsciente é fruto de um repositório de memórias escondidas, passadas de geração para geração, com início muito antes da nossa possível compreensão momentânea, remontando aos tempos primitivos; enquanto que, para Freud, a formação do inconsciente acontecia apenas na vida do indivíduo, sem a afetação do passado antes de seu nascimento.

Dessas memórias coletivas surgem os nossos *arquétipos,* que são interpretações involuntárias e inconscientes, mediante símbolos da realidade do mundo visível. Os arquétipos mais poderosos são os conceitos religiosos, encravados em nossa memória muito antes de nascermos, e presentes em nossa compreensão do que acontece conosco a todo instante. Nós nem percebemos quando essa simbologia se manifesta em nossa psique. Quando vemos uma cruz, por exemplo, podemos inadvertidamente pensar em moralidade e sacrifício. Todos nós também temos arquétipos de heróis instalados em nosso cérebro. Basicamente falando, a sua mente não pertence apenas a você, mas ao Mundo, ao passado, e ao inconsciente.

Qual é o perigo, ou quão libertador poderia ser, ouvir de seu médico que *"ser normal é a meta dos fracassados"*? O que será que se esconde de terrível e maravilhoso dentro da sua caixa mais íntima de pensamentos e memórias ocultas, desconhecidas até mesmo por você? Você teria coragem de espiar aí dentro, ou de deixar que outros dessem uma olhada? Tente compreender mais a fundo quem você é, sem medo. Durma tranquilamente e procure lembrar-se dos seus sonhos no dia seguinte, e tente interpretar que significado eles podem ter para você.

Bons pesadelos.

## 3.15 Mihaly Csikszentmihalyi

*"O controle da consciência determina o nível de qualidade de vida."*

Nós guiamos mais do que apenas o nosso corpo no decorrer dos dias; cada um de nós também é responsável por mover uma força invisível que convencionamos chamar de psique. Você "diz" para as suas pernas que andem e elas vão, eu comando meu corpo que se levante a cada manhã e ele obedece, mesmo que a contragosto; todavia existe esta inteligência impalpável interior distribuindo comandos sobre nós. A função da psicologia, portanto, é voltar os olhos para essa presença psíquica, a fim de tentar compreendê-la, para, quem sabe, aprender a conduzi-la, assim como fazemos com a nossa estrutura física.

É um equívoco de nossa parte acreditar que vamos a um psicólogo apenas para receber auxílio diante de nossas turbulências cognitivas. A função da psicologia vai muito além. Esse é um ramo da ciência humana que se debruça para tentar alcançar a compreensão do que significam os fenômenos intelectuais, como os indivíduos podem utilizá-los com mais consciência, e de que forma isso pode tornar a sociedade melhor. Portanto quando sentamo-nos diante de um terapeuta da mente, estamos buscando melhorar quem nós somos e também beneficiar a sociedade.

Quando eu me torno um ser humano melhor, convivo com mais qualidade comigo mesmo, e também melhoro a condição existencial da teia de relações sociais. Ou, para usar as palavras de nosso filósofo/terapeuta de hoje, *"o controle da consciência determina o nível de qualidade de vida"*. A psicoterapia não é uma ciência para ajudar apenas quem está mal; é uma área de estudos para elevar a vida de todos, inclusive dos que já estão bem a ficarem ainda melhores.

O seu nome é tão difícil de compreender quanto a mente humana que ele se propõe a estudar. Mihaly Csikszentmihalyi (1934) é um psicólogo húngaro, responsável por criar o conceito de *fluxo* (*flow*, em inglês) e também por ser um dos pioneiros da _Psicologia Positiva_. As psicociências parecem estar se distanciando cada vez mais de um consenso, assim como as ondulações provocadas por uma pedrinha jogada em um lago vão se afastando cada vez mais do centro. E enquanto as ondas de teorias se distanciam, o cidadão inculto fica parado no meio, sem saber o que fazer com todos os seus conflitos, e vai afundando vagarosamente para o interior das águas.

Mihaly surge no meio desse oceano de dúvidas para tumultuar ainda mais essas águas com uma nova proposta, chamada de _Psicologia Positiva_. Enquanto as correntes científicas das grandes escolas da mente pareciam obcecadas com o estudo das doenças mentais, agora surge o conceito de utilizar a psicoterapia para elevar a potencialidade intelectual de todo e qualquer ser humano por meio do foco na felicidade e na motivação, melhorando, inclusive, quem se sente bem, a fim de que alcance patamares cognitivos mais elevados. A academia conservadora não ficou muito feliz com essa nova abordagem e muitas críticas têm sido relampejadas. Parece que vem uma tempestade feia por aí.

Você consegue se lembrar de quando era criança e passava horas a fio brincando sem perceber as horas fluírem? Mihaly dá o nome a esse estado de _fluxo_. Sempre que fazemos algo que amamos ou queremos muito, entramos nesse estado mental. Artistas e atletas relatam a sensação de imersão e de total concentração ao que estão fazendo quando se encontram nesse _flow_. Isso é o completo oposto de quando realizamos uma atividade insuportavelmente entediante em que as horas parecem não andar, como se as ondulações do lago do tempo de repente fluíssem mais preguiçosamente.

Que atividades lhe deixam nesse estado de fluidez e total realização e felicidade? Mesmo que você consiga pensar rapidamente em situações que lhe deixam muito feliz, é curioso imaginar que devam existir infinitas possibilidades de outras atividades que poderiam lhe trazer um estado de muito mais imersão e satisfação, mas que você desconhece, pois nunca as descobriu ou provou. Busque realizar atividades diversificadas e aprender novas habilidades, é possível que numa delas você encontre a sua onda perfeita.

É impressão só minha ou enquanto dormimos as horas parecem fluir mais depressa? Boa noite.

# 3.16 Jordan Peterson

*"Se você não se posicionar em suas convicções, então as pessoas vão lhe empurrar para trás."*

A mãe de um dos meus melhores amigos de infância era costureira. Invariavelmente, sempre que eu visitava o Diego, a Silvia estava sentada, trabalhando em sua máquina de costurar nos fundos de casa, e recebia-me com um caloroso sorriso. A minha amada e batalhadora mãe também é uma exímia costureira. Não importa o tamanho do estrago, essas mulheres sempre sabem como costurar um retalho. Entretanto hoje nós iniciamos nossa conversa falando de uma outra costureira, que salvou com um gesto hábil a história da humanidade de um terrível rasgo no tecido social.

No dia 1º de dezembro de 1955, uma mulher negra nos Estados Unidos da América negou-se a dar o seu lugar no assento do ônibus para um homem branco, e foi presa por isso. Quando Rosa Parks entrou no ônibus naquela noite, havia vários lugares disponíveis. Ao longo do trajeto o veículo foi lotando, até que um homem branco ficou de pé. Rosa foi "solicitada" a ceder o seu lugar e dirigir-se para a parte de trás. No entanto ela se negou a fazê-lo. Ela estava certa. *"Se você não se posicionar em suas convicções, então as pessoas vão lhe empurrar para trás"*.

O que torna os filósofos relevantes não é tanto o que eles dizem, porém algo que eles fazem que dá poder ao seu discurso. O ato de Rosa gritou mais alto do que qualquer citação de Aristóteles, pois, naquele momento, o que a sociedade precisava era de um feito de coragem. O filósofo de hoje foi o último a entrar em minha lista de opções, e só apareceu, não por causa das coisas que ele diz, mas sim por algo que ele fez.

Jordan Peterson, nascido em 1962, é um psicólogo clínico canadense, que tem chamado a atenção da mídia mundial em virtude de seu posicionamento intelectual a respeito de temas polêmicos, como diferenças de gêneros, sistema social patriarcal, e a crítica ao discurso do politicamente correto; fatos que lhe garantem um pedaço no pano do debate filosófico contemporâneo. Sua postura filosófica o tem colocado em linha direta de confronto com diversas correntes de pensamento.

Como de costume, em eventos de prestígio em que se dá a palavra a alguma celebridade, Jordan falava com eloquência e elegância, repleto

FILOSOFIA PARA DORMIR

de orgulho de si mesmo e de suas ideias, diante da plateia da Liberty University, uma universidade cristã dos Estados Unidos; quando de repente o impensável aconteceu. Um homem psicologicamente atormentado subiu no palco freneticamente dizendo que não estava bem e que precisava de ajuda, pois queria ficar restabelecido. O que surpreende nesse episódio dramático é a reação de Peterson.

Ao invés de se proteger do que poderia ter sido um ataque violento, ou de apenas ficar parado esperando a ação da segurança do evento, Jordan desce de seu "pedestal" de opulência intelectual, e sem titubear, dirige-se até o homem que agora está deitado no chão, controlado pelos guardas, e coloca a sua mão sobre ele, provavelmente tentando avaliar a condição e batimentos cardíacos daquele ser humano em conflito, já que Jordan é médico. Apenas esse ato de humanização e empatia por um total desconhecido que sofria valeu mais do que todas as palestras e livros de Peterson.

Se não tomarmos cuidado com o discurso de ódio viralizado pela força dos meios de comunicação, quando percebermos, teremos sido empurrados para um posicionamento ideológico que nos coloca contra parcelas da humanidade em uma disputa de "nós" contra "eles", brancos contra negros, pobres contra ricos, mulheres contra homens, etc. Ter um posicionamento de valores não pode nos impedir de estender a mão e ajudar quem clama por socorro. Um discurso que não se traduz em ação prática construtiva e unificadora é apenas um tecido caro que só serve para decorar. Pegue roupas velhas que não usa mais e doe para quem passa frio nas ruas. Filosofar pede mais do que palavras quando o sofrimento grita. Não vá dormir antes de separar algumas peças de vestimenta.

Se você tem uma cama confortável para dormir, você já é a pessoa mais feliz do Mundo.

## 3.17 Hipócrates

*"Prometo solenemente consagrar a minha vida ao serviço da humanidade."*

Filosofia não é apenas mente; é também corpo. Platão mesmo recomendava a ginástica para manter a saúde física. O físico humano é como se fosse um livro filosófico que precisa ser lido atentamente a fim de ser compreendido. Mesmo depois de mais de 2 mil anos tentando entender esse texto maravilhoso, provavelmente não chegamos nem na metade do capítulo um (especialmente quando levamos em conta o cérebro); e não fazemos ideia de quantos capítulos ainda temos pela frente. Portanto como anda a qualidade da sua máquina biológica?

Nascido em 460 antes de Cristo, Hipócrates viveu até os 90 anos, fato que sugere que cuidou de si enquanto médico, assim como se preocupou com seus pacientes. É considerado o "pai da Medicina", mas isso não quer dizer que foi o primeiro. Provavelmente houve avós e bisavós nessa ciência, como por exemplo, Imhotep, mais de 2000 anos antes dele, no Egito. Todavia o que coloca Hipócrates em um patamar de destaque, inclusive na filosofia, foi a sua luta para tirar a medicina dos braços dos deuses e entregá-la ao poder das mãos humanas.

Na Grécia de sua época, acreditava-se que os males físicos advinham de castigos divinos e que a cura podia ser alcançada apenas mediante rituais e sacrifícios. Atualmente a sociedade vibra com cada nova descoberta e avanço da ciência médica; na época do "Pai" desse conhecimento, esse novo estudo era visto com desconfiança e até certa dose de afronta religiosa e intelectual. A partir daquele momento, o homem comum ficaria responsável por sua vida física e o médico passaria a ser a imagem do próprio deus. Poderia soar como muita arrogância na época essa postura, mas o *Juramento de Hipócrates,* que é usado por alunos que se formam em Medicina até hoje, revela a total humildade e entrega do médico pelo bem da vida humana: ***"prometo solenemente consagrar a minha vida ao serviço da humanidade".*** É como se cada médico, ao proferir essas palavras, abdicasse de sua própria existência em prol do bem da sociedade, assim como um pai faz pelo bem estar de seus filhos.

Todavia, certamente, naquela época, a medicina era apenas uma ciência que engatinhava, assim como um bebê que tenta aprender a andar. Foi apenas com Cláudio Galeno, grego nascido em 129 de nossa era, e que trabalhou para o império romano, que descobrimos que a fonte de controle do corpo se encontrava no cérebro. Graças aos seus estudos inovadores com a dissecação de macacos, ele avançou os conceitos sobre a anatomia humana e sobre as primeiras compreensões a respeito das funções do cérebro humano. Até então ninguém sabia ao certo onde a faculdade cognitiva se encontrava. Contudo é preciso mais do que apenas o estudo da anatomia física para alcançar a consciência de que dentro de nós existe uma vida que pensa e que percebe a si mesma como ser vivo. Muitos ainda hoje não se dão conta de que dentro de sua cabeça existe alguém que raciocina. É papel da filosofia ajudar nessa compreensão.

Por pouco todo o conhecimento médico e filosófico do mundo antigo quase se perdeu ou foi destruído pelo que ficou conhecido como idade das trevas, e que durou aproximadamente do século V ao XV, após o declínio do império romano. Enquanto isso, outra parte do Globo vivia o seu apogeu, conhecido como *Anos de Ouro do Islã*, e que teve início no século VIII no Oriente Médio, com a inauguração da *Casa da Sabedoria,* em Bagdá, no Iraque. Em 980 nasce Avicena, ou Ibne Sina, médico que viveu no Irã e que seria responsável por compilar todo o conhecimento sobre a arte de curar no livro chamado o *Cânone da Medicina*. Anos mais tarde, o movimento renascentista vai resgatar o conhecimento antigo, salvo nos trabalhos compilados pelos árabes, e usa-lo de sopro para a ressuscitação da intelectualidade da humanidade.

Os nossos médicos (e profissionais da área da saúde em geral) da atualidade estudam exaustivamente e trabalham exageradamente. Em sua busca por servir, muitos abdicam de cuidar de si mesmos. Portanto quando vires um médico (ou outro profissional da saúde) saiba que estás diante de um anjo social. Não se chateie se eles não forem simpáticos às vezes; a função deles não é ser agradável, mas sim salvar vidas. Depois, com a saúde já reestabelecida, você pode procurar por um show de comédia. E que tal fazer um check-up essa semana para ver como anda o seu corpo? Lembre-se que também é possível prevenir e evitar doenças cuidando do físico e da alimentação. Evite porcarias alimentares. Pratique exercícios regularmente. Eu costumo brincar dizendo que uma pessoa feliz é aquela que consegue ir ao banheiro fazer suas necessidades sem sentir nenhuma dor e sem precisar de auxílio.

Pior do que perder o sono à noite é encontra-lo durante o dia. Dormir bem é cuidar da saúde.

## 3.18 Aubrey de Grey

*"A morte é provavelmente a melhor invenção da vida."* – Steve Jobs.

O lado bom de ter um pesadelo é poder acordar e descobrir que era tudo apenas ilusão. Uma forma positiva de encarar os problemas é saber que quando fechamos os olhos para dormir, eles desaparecem momentaneamente, como que por mágica. Pensar sobre uma vida de sofrimentos pode ser amenizada quando lembramos que um dia não estaremos mais aqui, e tudo será apenas vazio. Ruim mesmo seria ter que viver para sempre. Até mesmo a felicidade eterna se tornaria uma maldição. Você já pensou em quantos anos provavelmente irá viver, ou quantos anos de longevidade gostaria de ter? Dizem que a gente não pensa muito a respeito disso até chegar na velhice, ou até ter uma experiência de quase-morte. Eu já passei pela segunda.

Aos vinte anos de idade eu fui atropelado por um ônibus quando atravessava uma avenida movimentada. Eu estava de bicicleta, e preparava-me para atravessar a rua, quando ele me atingiu nas costas, como se fosse uma parede móvel. É óbvio que eu vi o ônibus se aproximando, porém eu calculei que ele fosse dobrar na mesma esquina que eu. O impacto nas minhas costas fez-me voar pelos ares e dar de cara no chão, e ainda deslizar por um metro. Eu fiquei desmaiado no solo por cinco minutos. Você sabe o que eu lembro desse momento desacordado? Absolutamente nada! É uma sensação diferente de quando estamos dormindo, em que depois que acordamos temos a certeza de que "estávamos ali". No instante em que eu acordei do "apagão" do acidente, era como se aquele tempo não tivesse existido em minha vida. Ou seja, se eu tivesse morrido naquele episódio, eu não teria percebido. Felizmente não quebrei nenhum osso e não fiquei com sequelas. A bicicleta, contudo, ficou completamente destruída.

Caso Aubrey de Grey esteja certo, no futuro, provavelmente você poderá optar por "viver para sempre", desde que não sofra nenhum acidente fatal. Esse cientista inglês, nascido em 1963, afirma que o envelhecimento é uma doença que pode ser curada. Nenhum dos seus argumentos para refrear esse processo que leva à morte foi comprovado pela ciência; entretanto o debate em torno desse assunto foi iniciado, e mesmo que não seja para viver eternamente, é notável o problema que a maior longevidade pode causar na sociedade. É necessário esclarecer um ponto importante que tem gerado equívoco: o trabalho de Aubrey não trata da vida eterna e sim da cura para a velhice, que ele considera uma doença.

Uma das implicações que já começa a incomodar os países é o sistema de aposentadoria. Outro ponto curioso a se pensar é o casamento. Tudo bem jurar fidelidade aos 25 anos, quando imaginamos que viveremos até uns 70 ou 80, mas como ficaria esse juramento se soubéssemos que teríamos mais 200 ou 500 anos de vida pela frente? Nós até mudamos muito dos 25 até os 80, mas isso seria quase nada, se comparado ao quanto mudaríamos até chegar aos 300 anos de idade. E não é só a gente que anda mudando muito rápido, o próprio mundo à nossa volta está mais volátil do que antigamente.

Aubrey de Grey parece um profeta falando esse tipo de coisa, e a sua aparência também lembra a de Jesus Cristo, com a sua barba e cabelos longos. Ou então ele pode se assemelhar a Grigori Rasputin, o místico russo que não morreu nem mesmo depois de ter sido envenenado duas vezes, esfaqueado, e fuzilado com 12 tiros. Ele só se entregou para a morte depois de ser afogado em um lago congelante. E por falar em não querer deixar a vida, a pessoa que mais viveu de que se tem registro é a francesa Jeanne Louise Calment, nascida em 1875, que viveu 122 anos e 164 dias. Ela enterrou filha e neto, e viveu em condições de compreender a morte de Nietzsche em 1900, as Revoluções Russas de 1905 e 1917, as duas guerras mundiais, a Guerra Fria e a eleição de Bill Clinton em 1993. Entretanto os países com os melhores índices de longevidade são Japão e EUA, caso você esteja pensando em ampliar sua passagem aqui pela Terra e queira saber onde viver enquanto o milagre científico de Aubrey não chega.

O lado bom de acreditar que a vida é curta e de que podemos morrer a qualquer instante é que isso cria em nós um senso de urgência para realizar os nossos planos e aproveitar ao máximo a nossa estadia temporária aqui na Terra. Talvez Steve Jobs estivesse coberto de razão quando disse que *"a morte é provavelmente a melhor invenção da vida"*. Nós já deixamos para fazer depois tantas coisas, mesmo sabendo que vamos viver pouco, imagine como seria se soubéssemos que poderíamos protelar nossos projetos para sempre. Que sonhos, planos, amores, e loucuras, você tem deixado para outro dia? Que tal realizar pelo menos um amanhã?

Não caia no engano de achar que dormir é desperdiçar a vida. Caia no sono com convicção.

# FRIO GOSTOSO
# E COBERTAS
# QUENTINHAS

Quão estressada você acha que uma pessoa precisa estar para chutar caixas de papelão com violência, enquanto pragueja impropérios contra o chefe no local de trabalho, dentro de um escritório repleto de outros colegas? Eu diria que bastante. O quanto desse estresse você diria que está relacionado com o fato dessa pessoa acreditar que dormir é perda de tempo e que, portanto, opta deliberadamente por repousar apenas algumas poucas horas toda noite, e além de trabalhar uma jornada completa durante o dia, ainda passar muitas madrugadas em claro jogando videogame? Eu não sou nenhum expert no assunto, porém tenho certeza de que não erraria ao arriscar o palpite de que há muita relação entre as poucas horas de sono reparador todos os dias e a irritabilidade exacerbada.

Trabalhar intensamente já é motivo suficiente para acordar esse perigoso elemento dentro de nós chamado estresse. Junte a isso horas de repouso noturnos reduzidas e você tem a fórmula perfeita para a bomba nuclear de uma vida desequilibrada. Maltratar caixas inocente por aí será o mínimo que um indivíduo nessas condições será capaz de fazer. Isso é apenas um pouco da biografia da minha ex-colega de profissão e que também se enquadra na descrição de muitas outras pessoas, inclusive a minha de vez em quando.

É curioso pensar na questão do sono e na falta de cuidado, e até de respeito, com que muitos tratam esse tema fundamental para a saúde psíquica e física. Além do mais, eu tenho ouvido com frequência cada vez mais recorrente a perigosa mensagem de que dormir é perda de tempo, e que quanto menos dormirmos, melhor para uma performance excelente de resultados profissionais. Essa é uma filosofia comumente usada por aqueles que pregam a busca desenfreada por alcançar objetivos no meio empresarial.

Normalmente essa ideia parte de pessoas com uma personalidade naturalmente acelerada e para quem realmente apenas algumas horas de sono são suficientes para manter uma rotina de atividades muito produtiva. Acontece que cada ser humano é diferente e uma mensagem de motivação e até de instigação deve se adaptar à realidade de cada um. Não respeitar isso pode fazer com que alguns saiam chutando caixotes pelas empresas sem reconhecerem a raiz do problema.

Sim, é importante corrermos com muita garra atrás de nossos sonhos, especialmente quando descobrimos que além de sonhos, temos uma missão de vida. Essa combinação, propósito e determinação, é o combustível perfeito que faz muitos de nós saltarmos da cama todos os dias com muita motivação para encarar cada novo amanhecer e de precisar de apenas algumas poucas horas de sono, pois o que proporciona energia não é apenas o repouso de uma noite regeneradora, mas a vibração de uma vida propulsionada por uma certeza inspiradora.

Entretanto mesmo assim precisamos dormir, e não conseguiríamos continuar nossas jornadas sem parar em todos os finais de dia para repousar nossa máquina biológica de realização de metas e sonhos. Todavia é curioso observar que, apesar de eu defender a importância do repouso restaurador do sono, nossa estrutura física paradoxalmente na realidade nunca pára de funcionar completamente quando dormimos. Por um lado eu digo que é imperativo parar para dormir, por outro lado meu corpo prova que nunca interrompe o seu trabalho totalmente.

Quando giramos a chave na ignição de um carro, em sentido oposto ao de partira, desligando o motor, e por fim puxamos o freio de mão, todo o veículo entra em estado de total inatividade. Se esquecermos o rádio ou os faróis acessos enquanto ele estiver em descanso, logo tudo entrará em total adormecimento, e não seremos capazes de ligá-lo mais, pois até mesmo a bateria terá sido consumida completamente e nem mesmo deixá-lo "dormindo" por alguns dias fará com que ele volte a acordar.

Com o nosso corpo é diferente. Mesmo quando desligamos a sua atividade consciente, ele não encerra jamais as suas operações essenciais. Enquanto dormimos, nossos órgãos vitais continuam em funcionamento. O coração continua golpeando o nosso peito com dedicação. Sangue corre por nossas veias e artérias como as águas de um riacho volumoso. Nosso peito continua respirando tranquila e naturalmente o ar ao seu redor, como se essa atividade não envolvesse uma das mais complexas engenharias da criação.

Que tipo de descanso é esse que não cessa nunca de trabalhar? E como se não bastasse tudo isso, o nosso fiel escudeiro, o cérebro, permanece em sua função de criar fantasias, agora disfarçadas de sonhos e pesadelos, e às vezes até inspirações. Que perda de vida é essa de que esses experts da arte de viver tanto falam, que acontece enquanto estamos dormindo, quando não estamos correndo ansiosamente atrás de nossos objetivos? Parece óbvio que existe vida (e muita vida!) pulsando mesmo enquanto dormimos.

Ao que me consta dessa breve análise, não é como se o corpo parasse no fim do expediente e a vida sessasse por algumas horas, impedindo-nos de buscar nossos sonhos da vida real; nós é que falhamos em compreender que a vida apenas continua com uma roupagem e uma proposta diferentes. E não é como se apenas errássemos em perceber isso, pecamos também em não desfrutar apropriadamente desse momento especial.

O nosso corpo está pouco se lixando para os nossos ditos planos de vida. Desrespeite as suas regras de utilização e você verá todos os seus estimados objetivos escorrerem pelo ralo. Insista em não respeitar as horas requeridas de sossego e você verá o seu aparato físico também prejudicar as suas horas de vigília. Logo no começo de nosso estudo, nós aprendemos com a frase no templo de Delfos que deveríamos conhecer a nós mesmos, portanto o tema a respeito da necessidade do reestabelecimento físico e suas implicações para a nossa qualidade existencial me parecem a oportunidade e exigências inevitáveis a se aprender com relação a cada um de nós.

Conhecer a respeito de nós mesmos implica que cada pessoa é um universo com características diferentes e específicas, que precisam ser descobertas pelo ocupante de cada corpo e mente. O que vale para um indivíduo pode ser completamente diferente para outro. Conselhos podem ser muito bem-vindos, mas em última instância, conhecer-se a si mesmo requer uma autoanálise e interpretação pessoal que apenas cada um pode fazer acerca de sua própria constituição biológica.

Ao invés de acreditar nessa falácia que estava se disseminando de que dormir é como um inimigo que precisa ser combatido, eu sempre preferi encarar a verdade indiscutível de que boas horas de sono me permitem aproveitar os momentos em estado de consciência com muito mais qualidade e prazer. E isso implica reconhecer também que exagerar no tempo de repouso pode da mesma forma prejudicar a eficiência da saúde de uma vida equilibrada.

Por um lado, discordo da teoria que diz que dormir é perda de tempo, mas, por outro lado, também vejo com maus olhos a noção que alguns têm de que os períodos de lazer longe do trabalho foram feitos para dormir exageradamente. Tudo bem que eu concorde com a importância de respeitar o sono, porém extrapolar nesse ponto poderia, então, sim, ser um desperdício de vida.

Eu compreendo que é difícil acordar cedo todas as manhãs para trabalhar, no entanto, não consigo entender aquelas pessoas que abusam das horas dormindo de manhã nos finais de semana, quando poderiam justamente estar aproveitando os tão almejados dias de folga.

Quando vejo-me desvencilhado das obrigações do trabalho é quando mais desejo acordar cedo e viver a vida em plenitude. Nada melhor do que despertar um pouco antes do sol brilhar em domingos e sair para caminhar, quando a maioria das pessoas ainda está babando na fronha do travesseiro, e sentir como se o Mundo fosse apenas meu por algumas horas. Só quem vive em uma cidade populosa compreende o prazer de vaguear por uma rua deserta que apenas o raiar de um dia de domingo pode oferecer. E como é bom estar vivo quando fazemos isso estando repousados e energizados depois de uma noite bem dormida.

Da mesma forma considero absurdo aqueles que reclamam de vontade de dormir mais todos os dias, e que, todavia, insistem todas as noites em ir para a cama muito tarde, mesmo quando sabem que precisam levantar cedo no próximo amanhecer. Muitas vezes a oportunidade de dormir mais está em fazer uso de nossa capacidade de fazer as escolhas certas. E provavelmente a resposta ideal para o problema entre dormir pouco ou muito está em um equilíbrio harmonioso que depende da necessidade e das adaptações de cada um.

Não saber respeitar a receita de balanço individual da melhor quantidade de sono pode prejudicar perigosamente a nossa aptidão para apreciar a vida em sua plenitude. Horas mal dormidas ou excessivas podem nos fazer sentir o sabor da vida desaparecer aos poucos. Muitas vezes o estresse e a depressão estão associados, pelo menos de alguma forma, com o nosso descuido com o sono.

Os tempos modernos da atualidade têm exigido de nós cada vez mais comprometimento e horas de trabalho. Entretanto no "livro da vida" e em nossa constituição genética não está escrito que isso é verdade e que precisa ser assim. Porém em nosso DNA está nitidamente registrado que precisamos usufruir a vida como o milagre que ela representa em todas as suas manifestações.

De vez em quando a vida presenteia-nos com belos projetos e vocações que nos proporcionam grande alegria em levantar diariamente, em contrapartida, ela espera de nós que saibamos respeitar o seu anseio em se conectar com o reino misterioso dos sonhos. Está errado sentir culpa em ter boas noites agradáveis de passeio pelo mundo onírico. É mais do que um direito nosso enrolar-se nas cobertas e sentir prazer ao notar nosso corpo tocando o colchão macio e o travesseiro fofinho, desde que isso não se converta em preguiça.

E se ainda por cima pudermos ter o abraço carinhoso de alguém que nos ama antes de apagar, para nos fazer descansar definitivamente bem, acompanhado de um beijinho afável, melhor ainda. Especialmente quando está chovendo ou faz um frio gostoso. Isso sim é viver com a sabedoria de um grande filósofo.

Para mim, pessoalmente, manter uma rotina de hora para dormir as 22:00 e hora exata para acordar as 05:00, e depois tirar um cochilo de 1 hora ao meio dia, depois do almoço, opera milagres em minha qualidade de vida e saúde, bem como de produtividade e criatividade. Basta eu "pisar na bola" um dia e ir dormir fora de meu horário, e lá se vão alguns dias de bom funcionamento do meu corpo. Entretanto essa é uma sistemática que funciona bem para mim. Cada um precisa compreender de que forma a frase "conhece-te a ti mesmo" aplica-se à sua vida. Se não fosse assim, a frase teria sido algo como "façam todos a mesma coisa".

E para garantir que eu dormirei bem, não tenho televisão em meu quarto, desligo o celular duas horas antes de ir deitar, e, ainda por cima, tenho daquelas cortinas chamadas de *blackout*, apropriadamente traduzível como escurecimento total. Quando proponho-me a dormir, tomo as medidas necessárias para garantir que o meu sono não será perturbado por nada, especialmente pelos problemas, até porque eles sempre poderão ser resolvidos depois que eu acordar, inclusive com muito mais consciência.

Eu não vou revelar que durmo com protetores auriculares para neutralizar o latino dos cachorros da vizinhança (são 21 cachorrinhos lindos, com pulmões de Pavarotti), pois com isso você poderia pensar que eu levo essa coisa de dormir bem a sério demais. Descansar em paz é um compromisso que pode exigir certa dose de estratégia, QI elevado e mantras de Hare Krishna.

O exercício filosófico que eu proponho para você hoje e amanhã é o de antes de dormir agradecer por esse grande momento que é uma bela experiência existencial: o sono. Não vá dormir sem se dar conta de que o faz. E não acorde sem perceber que teve uma bela noite de descanso, mesmo naquelas noites em que teve algum pesadelo, pois isso foi apenas a sua mente lhe presenteando com cenas diversificadas de experiências de imagens e emoções, pois uma das regras fundamentais da vida parece ser a diversidade de vivências.

Apenas passar desatento e com pressa pela vida, sem a capacidade perceptiva de absorver as suas sutilezas, é o mesmo que não estar vivo. Quem nos fez tinha o intuito nítido de que fôssemos os observadores de toda exuberância que foi criada. Os animais, as plantas e os minerais não parecem conseguir contemplar as maravilhas da existência, mas nós seres humanos, sim; pelo menos quando estamos descansados o suficiente para conseguir apreciar cada momento.

Quem dorme bem, vive bem, e não chuta caixotes de papelão por aí.

# 4.1 Nietzsche

*"Que temos em comum com o cálice de rosa que verga sob o peso de uma gota de orvalho?"*

Foi com este filósofo estrondoso como um trovão irritado e penosamente compreensível que aprendi a duríssima lição de que não deveríamos evitar os problemas da vida, como alguém que tenta fugir deles, e sim encará-los, como alguém que adentra o olho de um furacão. Dar ouvidos a esse pensamento nos fará conhecer sofrimentos agudos, pois o furacão estraçalha a nossa vida. Entretanto depois da tormenta, permanece a memória do aprendizado que somente a dor é capaz de ensinar. Se existe um escritor capaz de fortalecer a identidade emocional dos seus leitores, esse alguém é Nietzsche; e como todo bom filósofo alemão, também haverá de fortalecer o QI daqueles que se aventurarem por seus livros, em virtude da dificuldade em entender a sua escrita truncada.

Nietzsche é tão intrincado e profundo em seus escritos que devemos estudá-lo sempre frase a frase, e em alguns casos, inclusive, deter-nos em algumas de suas palavras. Um desses vocábulos mais célebres na filosofia é o **_Niilismo_**. Nessa teoria Nietzsche defende a ideia de que certos valores sociais universais perderam o sentido, como por exemplo: a vida após a morte, a piedade, a justiça, o perdão, a humildade, etc. Para ele esses são conceitos que enfraquecem a moral do ser humano e que precisam ser transvalorados, ou superados por noções mais empoderadoras, tais quais: a ambição, o autodesenvolvimento, o heroísmo, a solidão – que dariam nascimento a outro conceito de Nietzsche, conhecido como o Übermensch, que pode ser traduzido por super-humano, ou super-homem.

Tais reinterpretações do filósofo se chocaram frontalmente com os dogmas da igreja do século XIX e muitos ainda hoje acham que o Niilismo é uma forma de negação da vida. Essa percepção não poderia estar mais equivocada. Ao negar a vida após a morte e os valores religiosos, Nietzsche está jogando toda a nossa atenção e vibração existencial para a nossa breve passagem aqui pela Terra, e ao provocar a reinterpretação de valores morais ele nos instiga a conceber interpretações muito mais substanciais e conscientes para o existir, sem meramente acatar princípios e normas irrefletidamente.

Com essa nova perspectiva de total enaltecimento da consciência existencial surgem outros dois afamados termos Nietzschianos. O primeiro é ***Amor Fati***. Com ele Nietzsche nos ensina aquilo que todos nós já sabemos, mas que não queremos aceitar: a dor nos faz evoluir. "Aquilo que não nos mata, nos fortalece" disse "o Homem". Por isso os problemas e sofrimentos não deveriam de ser evitados, mas sim aceitos com naturalidade, com a consciência de que eles nos farão mais humanos, ou super-humanos. A partir disso temos o segundo conceito, que é o ***Eterno Retorno***. Para compreendê-lo Nietzsche propõe o seguinte exercício: imagine que um demônio sussurrasse em seu ouvido que você haveria de reviver pela eternidade essa mesma vida que você leva, em um ciclo repetitivo, como um filme que você tivesse que assistir e reassitir para sempre, eternamente, do nascimento até a morte, e depois tudo novamente. Como você se sentiria? Para o filosofo nós deveríamos ficar felizes, pois isso nos daria a consciência da importância da escolha dos nossos atos para que não vivêssemos cada dia irresponsavelmente; adotando uma postura de total reverência para com essa "coisa sem sentido" chamada vida.

A lição que aprendemos com nosso professor hoje é a de que não precisamos ter medo de crescer com as dores e com as humilhações. Muito pelo contrário. Devemos nos permitir sentir e viver essas experiências em toda a sua potencialidade, como alguém que anda decididamente para o meio da calamidade. *"Que temos em comum com o cálice de rosa que verga sob o peso de uma gota de orvalho?"*. A vida encherá a rosa em forma de cálice com as gotas das angústias e pesares até a flor quase quebrar ao envergar. Porém, quando a água escoa, a flor volta a se erguer. Quais são as dificuldades e desafios que temos evitado superar? Precisamos entornar o cálice da lição e engolir cada gota do aprendizado amargo para que dessa experiência possa nascer o Ipê-Roxo da maturidade.

Agora deite como uma borboleta que pousa sobre astromélias cor de laranja, porém amanhã viva como o leão que avança sobre a presa vulnerável. Eis o sono.

## 4.2 Taylor Caldwell

*"Este livro esteve sendo escrito durante quarenta e seis anos."*

Quando eu li esta que foi uma das melhores obras literárias com as quais já tive a felicidade de me deparar, intitulada *Médico de Homens e de Almas*, da autora Taylor Caldwell, eu estava com a idade de exatamente 30 anos, faltando apenas alguns dias para completar 31. No prefácio ela revela: *"este livro esteve sendo escrito durante quarenta e seis anos"*. O raciocínio matemático que eu operei em minha mente foi simples: ela tinha passado mais tempo escrevendo o material do que eu tinha de idade no momento em que sentava para lê-lo. O que ela escreveu realmente fez jus ao tempo que ela dispendeu em sua elaboração. A pergunta que fiz a mim mesmo, em meu interior, no entanto, foi a de se eu teria feito jus ao tempo de 30 anos que eu havia despendido na construção de minha própria história de vida.

O sucesso de Taylor, no entanto, lamentavelmente, não parece ter sido compatível com o seu talento. Uma das razões que me levaram a inclui-la em nosso estudo filosófico foi o de tentar colocá-la no hall dos grandes filósofos, pois é entre os maiores pensadores que ela precisa e merece estar. Caldwell foi uma prolífica escritora, que descobriu desde cedo a paixão pela escrita. Com a tenra idade de apenas 6 anos, ela já ganhou uma medalha por uma redação que escreveu sobre Charles Dickens, autor do clássico *Oliver Twist*. Logo depois, com apenas 8 anos, ela então escreveu o seu primeiro romance, intitulado *O Romance de Atlântida*. Uma de suas obras mais famosas se chama *Os Capitães e os Reis*; e a minha favorita,

FILOSOFIA PARA DORMIR

*Eu, Judas.* É verdade que ela alcançou grande sucesso enquanto esteve viva, inclusive financeiro, mas alguns autores e pensadores precisam ser premiados com a vida eterna na memória da história pela contribuição social que realizam. Taylor indiscutivelmente é uma dessas almas.

Taylor nasceu em 1900, na Inglaterra, e depois de ter emigrado muito cedo com os pais para os Estados Unidos, serviu na Reserva da Marinha Americana. Ela também foi repórter em Nova Iorque e atuou posteriormente no Departamento de Justiça. Mesmo tendo vivido o que consideramos uma longa vida, 84 anos, ela não parece ter desperdiçado um minuto sequer em esforços com a sua própria construção existencial e a elaboração de suas obras literárias até o final da vida. Ela foi tão produtiva que, mesmo tendo falecido no ano de 1985, teve mais um trabalho publicado em 2012, sem tradução no Brasil, com o título de *Unto All Men*. Não apenas isso, mas relatos afirmam que o seu marido teria queimado muitos de seus manuscritos, que teriam rendido ainda diversas publicações.

Curiosamente, ela parece não apenas ter vivido um presente existencial intenso e altamente prolífico, e um futuro que se estendeu para além de sua vida temporal, mas pelo que se sabe ela teria inclusive se aventurado pelos caminhos da hipnose e descoberto a respeito de seu passado em mais de 10 vidas anteriores. Isso é o que se pode considerar saborear a vida em sua plenitude.

Todavia tudo isso se refere exclusivamente à vida dessa inspirada e esforçada escritora, e quer tenha relembrado o seu passado de vidas anteriores com o uso da hipnose, ou não; quer o seu merecido legado sobreviva ao desafio do tempo, é uma questão que diz respeito apenas a Taylor. Nosso exercício filosófico para esta noite, antes de embarcarmos no sono, e para o dia de amanhã, é pensar em como nós temos vivido a nossa própria vida. Temos nos dedicado como Taylor, de corpo e espírito, para garantir que vivamos pelo menos essa existência da qual temos certeza de que nos pertence, ou temos apenas passado cada dia como se ela valesse muito pouco para merecer a nossa paixão? Pense em algo que você pode fazer amanhã e que lhe dará a certeza de estar vivendo com totalidade. Cada dia é uma nova vida, e cada sonho, uma nova esperança.

Durma bem, como se estivesse hipnotizado.

## 4.3 Dostoiévski

*"Após a morte do salvador é que a gente se salva."*

Imagine que você tivesse vivido no tempo em que Jesus Cristo nos visitou e causou todo aquele rebuliço social; será que você teria aceitado ser um de seus discípulos, sem a certeza que hoje temos de que ele foi um grande ser humano? Ou quem sabe você não acredita em Deus e no cristianismo, mas se considera um admirador do filósofo Sócrates; será que teria admirado esse revolucionário pensador quando ele criticava a democracia e era condenado à morte por cicuta (veneno) por causa de suas ideias?

Se alguém como eles estivesse vivendo agora, perto de sua residência, e causando as mesmas turbulências que eles causaram, afirmando ideias similares, você os consideraria profetas e grandes pensadores, ou apenas loucos, como a maioria das pessoas julgou esses dois grandes personagens históricos na época em que eles estiveram entre nós? É fácil atribuir glórias aos homens quando a história se encarrega de atribuir certeza aos fatos; é difícil decidir acertadamente no calor do momento.

Com uma introdução assim fica um pouco mais acessível a compreensão da frase de Dostoiévski em seu livro clássico, *Crime e Castigo*. *"O justo desaparece, mas a luz fica.* **Após a morte do salvador é que a gente se salva.** *O gênero humano repele seus profetas, massacra-os, mas os homens amam seus mártires e veneram aqueles que eles mesmos fizeram perecer".* É fácil julgar acertadamente quando os fatos já estão consumados e quando os personagens já não podem mais proferir suas ideias.

Poucos escritores ajudam-nos a compreender com tanta habilidade como Dostoiévski as nossas falhas e conflitos psicológicos, e também as nossas batalhas religiosas e filosóficas, que causam tantas incertezas e rixas sociais. Fiódor Dostoiévski foi um escritor russo, nascido em Moscou, em 1821. Ele era de família relativamente bem estabelecida, tanto que conseguiu estudar Engenharia; fato que, no entanto, não o impediu de ter preocupação com as mazelas humanas e com a pobreza social. Seus livros estão cheios de aflição pelas dores do ser comum e simples.

Mesmo o seu bom posicionamento financeiro não evitou que as suas ideias revolucionárias o enviassem para a prisão. Depois de ter sido condenado à morte, e de ter a sua pena revogada apenas alguns poucos minutos antes da execução, quando já se preparava para se posicionar diante do pelotão de fuzilamento, foi condenado à prisão na Sibéria, com trabalhos forçados, por quatro anos.

No livro *Idiota*, ele narra a sua experiência de quase morte por fuzilamento e relata o que acontece com alguém que teve uma segunda chance de viver, após ter estado tão próximo da morte. A nova forma de vida encantada e admirada de alguém que passasse por essa experiência seria como a de um idiota que veria prazer até mesmo nas coisas mais simples da vida. No livro *Memórias da Casa dos Mortos*, ele relata a sua experiência na prisão da Sibéria. Eu nunca consegui terminar esse livro por sua escrita fidedigna com a realidade perturbadora e desagradável. Provavelmente porque era assim que os dias pareciam para ele na prisão.

Como você viveria hoje se ontem tivesse tido uma experiência de quase morte e houvesse saído ileso? Você se sentiria feliz? Eu mesmo já tive uma experiência assim quando fui atropelado por um ônibus. O que eu aprendi é que a vida e a morte são a mesma coisa, separadas apenas por um tecido de seda muito fininho. Ou quão terrível você se sentiria agora se recebesse uma notificação informando que amanhã seria preso com trabalho forçado longe da família e dos amigos pelos próximos 4 anos?

Nós temos o hábito de reclamar, imaginando como as coisas seriam melhores se fossem diferentes, e não nos damos conta de como a vida é maravilhosa apenas do jeito como ela é, pois ela poderia facilmente ser muito pior. O nosso exercício para hoje e amanhã é rezar e agradecer a Deus, mesmo que não creiamos Nele, e passar um dia inteiro apenas agradecendo por estarmos vivos, pois assim como não escolhemos viver, também não sabemos quando vamos partir. Não fique triste com essa leitura. Fique feliz como um idiota, pois vive livre e pode dormir em paz.

Você tem um trabalho entediante ou está desempregado? Que bom; pelo menos não está preso.

## 4.4 Yuval Noah Harrari

*"Em que ano nós estamos?"*

Recentemente dei-me conta de uma das mais incríveis invenções da humanidade. Hoje em dia é possível agendar uma conversa com qualquer pessoa em qualquer parte do Mundo e chegarmos juntos pontualmente no mesmo horário. Caso você, leitor, quisesse me conhecer, nós poderíamos agendar alguma data para daqui um ano, estipular algum ponto de encontro em algum endereço específico em algum país qualquer e, por fim, definir um horário, e pronto, seria apenas uma questão de aguardarmos o tempo passar e precisamente daqui a um ano nós estaríamos prostrados frente a frente. Todos nós no Planeta inteiro estamos conectados pela noção de tempo e da precisão das horas. Nós todos estamos presos ao relógio e vivemos simultaneamente no aqui e no agora.

O filósofo Hegel disse que para termos um mínimo de entendimento da vida seria necessário olhar para trás 3 mil anos na história, pelo menos. Com isso seríamos capazes de observar os movimentos cíclicos que acontecem apenas em longos períodos e compreender o resultado de eventos que parecem pouco relacionados e que apenas a perspectiva da distância permite revelar. A nossa vida é a história da humanidade, e a sua existência e a minha são apenas um ponto na imensidão dos milênios.

O contexto da época de Hegel era diferente do momento histórico em que nós estamos, e por isso precisamos da ajuda dos filósofos da atualidade para interpretar o nosso período dentro de um contexto evolutivo, global e também subjetivo (pessoal). Podemos encontrar grandes elucubrações no trabalho do filósofo Israelense, Yuval Noah Harrari, e se Hegel nos disse para olhar longe para o passado, então Yuval será o filósofo que nos dirá para olhar também distante para o futuro e profundamente o nosso presente.

Yuval Noah Harrari nasceu em 1976, em Israel, e é professor universitário de História em Jerusalém. Ele é o escritor de três best-sellers (livros mais vendidos) internacionais. O primeiro livro dele se chama *Sapiens: uma breve história da humanida*de, e estuda o passado distante e próximo da humanidade e como viemos parar no momento presente. O seu segundo livro se chama *Homo Deus: uma breve história do amanhã*, este joga a nossa imaginação para a possibilidade histórica do futuro distante. Esses dois livros merecem o título que receberam de best-seller, porém eles podem ser complexos e difíceis de compreender pela abordagem histórica e filosófica. Entretanto seu terceiro livro foi escrito no momento certo da história, para que todos nós pudéssemos ver com mais nitidez o mundo do qual fazemos parte agora, e se chama *21 lições para o século 21*. Não só o título foi muito bem escolhido para indicar o posicionamento escolhido pelo autor que é a realidade atual, bem como o olho da capa revela a intenção de nos ajudar a ver quem nós somos e que contexto é esse em que nos encontramos neste instante.

Por ser israelense, Yuval é capaz de trazer uma visão interpretativa um pouco diferente daquela que estamos geralmente acostumados a ver. Israel é um país situado quase que "no meio do globo", no centro de muitos conflitos, e, por diversos motivos, também no eixo da história. A compreensão de tempo ocidental, por exemplo, é influenciada pela vida de Jesus, que nasceu também em Israel. Harrari é um historiador e filósofo do mais elevado gabarito, e pode-nos perguntar provocativa e oportunamente: *"em que ano nós estamos?"*, como se fosse um viajante do tempo que se depara conosco no agora.

Hoje nós desfrutamos das invenções e contribuições da humanidade do passado e muitas vezes nem nos damos conta disso. O exercício filosófico para nós é o de apenas agradecer por tudo o que nós usufruímos e de que não tivemos participação nenhuma na criação, como o carro que dirigimos, os aparelhos eletrônicos que usamos, e todas as demais facilidades do contexto existencial atual, deixando de lado as reclamações que fazemos a respeito das coisas que ainda não temos. Antes de querer mais, saibamos agradecer pelo que já possuímos. Que dia é hoje e quão bom ele foi para você? Pense em dez coisas boas que aconteceram; anote aqui agora, e coloque a data e local.

Espera! Você realizou a tarefa?! Então pode dormir. Tem adulto que age como se fosse criança.

# 4.5 Shakespeare

*"Ser ou não ser, eis a questão."*

Parece óbvio, mas não é. Você já parou para pensar em quem você é? Uma forma de testar essa interrogação é saber se você alguma vez questionou o próprio nome, ou pensou na possibilidade de ter um outro nome que tivesse sido escolhido por si mesmo? Falo isso pois constato que nascemos e recebemos um nome, e com ele convivemos o resto da vida, como se isso fosse um fato absoluto, sem nos darmos conta de que ele foi apenas inventado por nossos pais. E assim como acontece com o nome, vamos vivendo em relação a tantas outras verdades que recebemos e que apenas aceitamos sem questionar, que chega uma hora em que a verdade sobre o ser pede uma provocação shakespeariana que nos convida a meditar sobre quem de fato somos. Nós somos o que o meio em que estamos inseridos fez de nós, ou somos quem nós decidimos ser? *"Ser ou não ser, eis a questão"*.

Hoje iremos começar um estudo que conectará três nomes da história que nos farão questionar e pensar a nossa própria identidade. Para começar, falaremos do maior escritor que a humanidade conheceu: William Shakespeare. Pelo menos é isso o que muitos dizem. Mas será que ele foi quem dizem que ele foi? E por falar em questionar identidades, William nunca assinou o próprio nome da mesma forma duas vezes, e uma de suas assinaturas autênticas, de que se tem registro e certeza, vale em torno de 5 milhões de dólares. Há aqui dois fatos curiosos. O primeiro, a audácia dele em mudar a sua assinatura a cada vez que a registrava. Quantos de nós teríamos a coragem de mudar a forma como assinamos sempre que precisássemos autenticar algum documento? O segundo ponto é que o nome Shakespeare possa valer tantos milhões. Quanto será que vale o seu nome? Se apenas a assinatura de William vale milhões, quanto não terá valido a sua vida? E quanto será que vale a sua?

Shakespeare nasceu na Inglaterra, em 1564, e ficou conhecido também como o Bardo. Esse apelido significa uma pessoa que era responsável por transmitir histórias, mitos, lendas e poemas, de forma oral. William, ou o Bardo, também foi poeta, dramaturgo, ator e, para muitos, o maior gênio da literatura que já viveu. A ele é atribuída a façanha de ter criado mais de mil palavras e frases em inglês. Esse ícone literário é tão poderoso que mesmo quem nunca tenha lido sequer uma de suas obras, certamente já ouviu falar dele, ou de seus trabalhos, ou já escutou a sua famosa frase, que aparece em *Hamlet*: "ser ou não ser, eis a questão". Indiscutivelmente viver não terá sido uma experiência completa para alguém que não tiver lido pelo menos uma de suas obras. Com tantos livros e autores à nossa disposição, o Bardo é leitura obrigatória, e *Hamlet*, a história do príncipe indeciso, pode ser a porta de entrada ideal para começar a conhecer um pouco mais do trabalho desse gigante da literatura.

E por falar em príncipe indeciso, indecisão é um mal que nos atormenta no mundo de hoje. Com tantas opções de vida à nossa disposição, fica cada vez mais difícil responder a pergunta sobre o ser ou não ser, e as possibilidades podem não se resumir a apenas uma coisa ou outra. Como ator, William tinha que interpretar diversos personagens e vestir diferentes indumentárias, e muitas vezes precisava, inclusive, usar máscaras para viver personalidades completamente diferentes.

O nosso exercício filosófico para hoje e amanhã será pensar a respeito de nosso próprio nome e de quem nós somos. Precisamos dar-nos conta de que existe alguém dentro de nós, e precisamos nos reconhecer como esse alguém e decidir definitivamente quem nós queremos ser. Se não o fizermos, o "mundo" fará por nós. Todavia reconhecer-se pode ser tão complexo quanto ser um ator que precisa encenar diferentes enredos. Para cada um deles é necessário usar a máscara certa e pronunciar as falas corretas. A indecisão pode levar a uma grande tragédia. Que nome você escolheria para você caso pudesse mudar (Não vale escolher o mesmo)? Anote agora aqui: _____.

Durma como um príncipe ou uma princesa dentro de sua fortaleza psicológica.

## 4.6 Francis Bacon, o Escritor

*"Saber é poder."*

Com Shakespeare, estudamos que precisamos conhecer a nossa própria identidade na tragédia da vida real. Com Francis Bacon (o escritor), aprenderemos que não basta conhecer o interior de nosso castelo, mas que também é fundamental conhecer o reino da natureza à nossa volta. Entretanto, se não há necessidade de fazer muito esforço para compreender que *"saber é poder"*, e para nos convencermos de sua verdade, alcançar esse poder é que pode não ser tão simples assim. A própria história de Shakespeare e Bacon está envolvida por mistérios e incertezas que tornam o processo de saber mais complexo do que imaginávamos. Entretanto, deixaremos esse drama para o final.

Eu gosto do escritor Francis Bacon, pois nasceu no mesmo dia que eu, 22 de janeiro, só que alguns séculos antes, em 1561. Ele foi um nobre inglês, e desde cedo conviveu com a realeza, além de ter conhecido de perto a Rainha Elizabeth I. Homem altamente instruído nas letras, foi político, filósofo, advogado, cientista, e líder da misteriosa Ordem dos Rosacruz, movimento filosófico que remonta aos conhecimentos secretos da cabala, do hermetismo e do cristianismo. Foi, sem dúvidas, um nome de grande influência nos séculos XVI e XVII. Apesar da pluralidade de seus adjetivos, Bacon é lembrado primeiramente por seus estudos científicos.

Seu livro mais célebre é o *Novum Organum*, trabalho em que apresenta o método científico empírico indutivo. Empírico significa que o conhecimento é alcançado mediante a observação dos fenômenos que vemos na natureza; e indutivo, porque nem sempre podemos esperar que um fenômeno se manifeste para observá-lo, portanto temos que forçá-lo a ocorrer a fim de que possamos estudá-lo. Nesse trabalho, ele apresenta quatro impedimentos que podem atrapalhar a nossa chegada até a compreensão, que são os quatro ídolos.

*O primeiro é o ídolo da tribo*, que diz que as pessoas erroneamente acreditam que a sua forma de interpretar a vida é a única que existe, sem levar em conta a enormidade de expressões biológicas que existem na natureza. Nós não sabemos, por exemplo, como as plantas sentem e percebem o Mundo, portanto nossa capacidade de interpretação é limitada. *O segundo impedimento é o ídolo da caverna*, que diz que, além do mais, cada um de nós faz julgamentos interiores limitados aos nossos próprios paradigmas e preconceitos. Por exemplo, quando não gostamos de algo, nós nos fechamos e não tentamos compreender aquilo, e com isso limitamos nosso conhecimento em virtude de um sentimento interior exclusivo. *O terceiro é o ídolo de mercado*, e tem a ver com as interações humanas que se realizam principalmente na expressão da fala e dos idiomas. A ciência precisa trabalhar com conceitos claros e precisos, como números e fórmulas, para não incorrer em falhas, pois palavras podem ter diversas interpretações. *E o quarto e último ídolo é o do teatro*, que critica os filósofos que se julgam donos da verdade e que apresentam conceitos errados, mas que se beneficiam de sua estima. Atualmente, além dos filósofos, temos que tomar cuidado também com cientistas, religiosos, e até mesmo a mídia, que propaga diversas falsas verdades.

Curiosamente, Francis também é lembrado pelo mistério que envolve o seu nome e o de Shakespeare. Teorias da conspiração afirmam que ele era o gênio por trás das grandes obras shakespearianas. Fãs de William refutam veementemente essa hipótese mal fundada. Lembre-se que ídolos, para Bacon, são empecilhos. Nossos ídolos podem ser vistos como uma forma de estorvo, uma vez que nos impedem de trabalharmos para alcançar o patamar de habilidade e sucesso que eles alcançaram sempre que ficamos parados apenas babando pela conquista de nossos idolatrados.

Precisamos voltar-nos para a nossa responsabilidade em alcançar o conhecimento de quem nós somos e da vida que nos cerca, ao invés de apenas aceitar os conceitos prontos da religião, filosofia e ciência, pois, afinal de contas, por trás de todos eles estão apenas seres humanos sujeitos a falhas. Não existe uma única e definitiva verdade, cada um deve encontrar a sua própria forma de ser e de compreender a realidade.

Saber é poder; e dormir também.

## 4.7 Francis Bacon, o Pintor

*"Nós fazemos com a nossa vida o máximo que podemos, e então nós morremos."*

Como que Shakespeare, Francis Bacon (o escritor) e Francis Bacon (o pintor) se relacionam? Todos estão conectados de alguma forma pelo nome, pelo mistério e pelo idioma. Um dos documentários mais poderosos disponíveis no *Youtube* (*A brush with violence*), que fala sobre a vida do pintor Francis Bacon, está completamente em inglês, acessível apenas àqueles que dominam tal língua. E assim como é impossível conhecer em sua totalidade a verdade sobre a vida desses três personagens da história, também é impossível conhecer a respeito da vida de qualquer pessoa que nos cerca, pois não podemos olhar dentro da mente e do coração de nenhuma delas. Com muito esforço e audácia, talvez possamos conhecer um pouco com relação a quem nós somos, e ninguém melhor que Francis Bacon, o pintor, para nos conduzir por meio dos corredores (ou dos quadros) mais obscuros da vida humana.

O pintor Francis Bacon nasceu na Irlanda, em 1909, e depois viveu na Inglaterra, Alemanha e França. Sua árvore genealógica conecta-o ao escritor Francis Bacon. Além do traço de sangue que os une, aparece também o elemento da genialidade no trabalho de ambos. Entretanto aqui olharemos apenas o trabalho do pintor, pois, sem dúvidas, há muito para ser visto.

O pintor Francis teve uma infância repleta de traumas, abusos e violências. Os abusos continuaram na vida adulta, e não partiam apenas do mundo exterior, ele mesmo fazia questão de infligir a si mesmo agressões por meio do alcoolismo, tabagismo, masoquismo, jogatina, da paixão violenta e avassaladora, e da morte, constantemente à espreita. Bacon gostava de apanhar e de sofrer. Sua voz doce e o seu charme disfarçavam uma personalidade completamente perturbada, fato que não ficava nem um pouco oculto em sua arte, na qual ele jogava toda a sua alma para que pudéssemos nos arrepiar.

Francis não tinha medo de mostrar quem ele era, juntamente com todos os seus defeitos. Ele não tinha pudor, e todos que o conheceram o amaram por ele ter se revelado desavergonhadamente em suas paixões e desonras. Ele era um homem profundamente machucado e desesperado para amar e ser amado; e para machucar e ser machucado. Amar não é apenas flores, amar também tem espinhos que rasgam a pele. Cactos são ao mesmo tempo belos e perigosos, bem como todo ser humano de quem vale a pena se aproximar para admirar; ou odiar. Tente abraçar uma rosa, um cacto ou uma pessoa, e sinta o que acontece. Mas se quiser ver o que acontece quando entregamo-nos ao excesso e ao sub-humano, então aprecie uma obra de Francis Bacon.

Para ele, a vida era um jogo de alto risco, e a sorte tinha um papel importante nessa aposta. Ele aplicou essa lógica à pintura, pois apostava para morrer ou cicatrizar em cada pincelada. Francis nunca sabia o que seria da próxima marca de tinta que agrediria sobre a tela. Na pintura intitulada *Painting 1946*, primeiro ele tentou representar um gorila em um campo de milho, então ele quis pintar um pássaro, mas quando você olha o resultado final, o que vê é algo apavorante, e também formidável. Se a angústia e o brutal pudessem ser vistos, eles parecer-se-iam com uma pintura de Bacon. O que será que aconteceria com a sua vida se você jogasse tudo o que aprendeu sobre valores morais contra uma janela de vidro e deixasse o vagão da sua existência sair perigosamente dos trilhos? Bacon viveu a resposta para essa pergunta.

Imagine o terror que seria tentar respirar e não conseguir inalar o ar. No entanto você consegue, por algum milagre da natureza. Você está vivo, por algum fenômeno espantoso. Mas você está vivendo intensamente como quem puxa o ar para dentro dos pulmões com vontade? *"Nós fazemos com a nossa vida o máximo que podemos, e então nós morremos"*. Morra em espírito para ressuscitar um novo ser menos acostumado com o aparentemente natural e óbvio. Deixe o medo morrer em você para que possa viver e respirar com força o oxigênio perigoso da vida.

Inspire com calma, profundamente; então expire. Mate o sono. Durma aliviado.

## 4.8 Jesus Cristo

*"Ao que te bate numa face, oferece-lhe também a outra."*

Ele veio para libertar as pessoas da escravidão da ignorância. Dos muitos relatos que retratam a sua vida, em nenhum deles se lê que tenha sido violento ou desrespeitoso. Apesar de ter proferido grandes discursos, era um ser que sabia, acima de tudo, compreender os outros. Mesmo não tendo deixado nenhum escrito de próprio punho, o seu nome é conhecido no Mundo inteiro por causa de suas ideias revolucionárias. E foi justamente por causa de suas ideias que ele foi condenado à morte. Apesar de ter tido plenas condições para agir em defesa de sua própria vida, ele preferiu aceitar o seu julgamento e ser condenado à morte. Nem mesmo o clamor de seus amados discípulos conseguiu demovê-lo de sua decisão de aceitar a sua punição, mesmo que injusta e cruel. Eu estou falando do filósofo Sócrates, que foi condenado pelo sistema judicial de sua época a beber o veneno chamado cicuta, em virtude de supostamente deturpar os valores da juventude e da democracia ateniense, mas eu poderia muito bem estar falando de Jesus também.

É uma grande pena para a humanidade que Jesus seja considerado um personagem religioso, e que seus sermões não sejam estudados pelas escolas filosóficas. Mesmo quando a filosofia decide se debruçar sobre o estudo religioso, esse personagem é relegado a um segundo plano. O que é muito curioso, afinal de contas, Jesus foi condenado principalmente pelo sistema religioso de sua época por não se conformar com os ensinamentos defendidos pelos dogmas. A verdade é que Jesus foi um rebelde da mais alta estirpe e que não foi aceito por nenhum grupo social de sua geração. Ele não foi defendido nem pelos religiosos e nem pelos governantes, e nem mesmo pelos revoltosos que buscavam por uma rebelião contra a opressão do governo romano, que controlava o que poderia ser considerado o estado de Israel daquela época. Ele foi um rebelde sem causa, sem partido e sem religião. Apesar de Jesus não ter sido a favor de nenhum levante, nenhum governo e nenhuma religião, ele também não foi contra nada disso. E mesmo com uma mensagem praticamente neutra e pacífica, a força do que ele estava dizendo ressoou por todos os cantos daquela pequena civilização, e todos reconheceram, temeram, odiaram, ou admiraram a sua autoridade.

Ninguém naquele momento histórico teria sido capaz de imaginar que apenas alguns anos mais tarde, justamente os poderes autoritários que mais se sentiram ameaçados com a presença desse inofensivo intelectual, teriam usurpado os seus ensinamentos para cometer atrocidades, aprisionar o conhecimento, e transformá-lo em uma figura religiosa. A *Igreja Católica Apostólica Romana* é uma junção do império romano com a religião daquele período, que decidiram pela morte cruel de Jesus, e que viriam, anos depois, a continuar condenando pessoas a mortes brutais em prol da manutenção do poder em nome de Cristo, sendo que Jesus foi paradoxalmente o homem que proferiu as seguintes palavras: *"ao que te bate numa face, oferece-lhe também a outra".* Jesus não reagiu nem quando foi humilhado, espancado e crucificado. Ele não proferiu sequer uma palavra de condenação contra as pessoas que faziam isso com ele, sendo que ele foi injustamente sentenciado. Esse ser bondoso e inteligente não havia roubado, nem matado, nem sequer ofendido alguém, e em nenhum momento se voltou contra os seus agressores e acusadores.

Nós temos a obrigação histórica de resgatar os pronunciamentos desse grande filósofo. Jesus foi aquele simples e eloquente carpinteiro que em uma festa de casamento transformou água em vinho para que a celebração não acabasse, e os noivos não ficassem constrangidos; foi ele que defendeu um mulher adúltera diante de uma multidão enfurecida; e também foi traído por um de seus amigos com um beijo na face. Ele não era apenas um homem de palavras, mas de ações corajosas. Entretanto, apesar de tudo, ele convida-nos a, justamente, perdoar e amar aqueles que nos humilham e ferem. Você é capaz de amar (ou simplesmente respeitar) quem lhe odeia e pensa diferente de sua filosofia ou religião?

Sonho nosso, que está em algum lugar, vem a nós neste momento. Amém.

## 4.9 Sidarta Gautama

*"Atenção plena."*

Durante muito tempo em meu desenvolvimento pessoal, debati-me contra o fato de eu ser uma pessoa tímida e de pouca comunicação verbal. Era comum ouvir dos parentes quando eu os visitava com meus pais, ainda pequeno, que eu era uma criança muito quieta. Naquelas visitas eu era capaz de ficar sentado por horas, apenas ouvido o que as pessoas falavam, sem participar da conversa.

Conta-se que Sidarta Gautama passou muitos dias, e quem sabe até meses, meditando debaixo de uma árvore, antes de alcançar a iluminação espiritual, passando a se chamar *Buda*, depois disso. Provavelmente durante todo esse tempo ele nada disse, dando espaço apenas para que a sua voz interior falasse de uma grande sabedoria e que só pode ser ouvida quando calamos completamente, a partir da prática da meditação.

Os acadêmicos falam que é muito pouco provável a veracidade de tudo o que sabemos sobre a vida de Buda, porém se dermos ouvidos apenas aos seus ensinamentos em si, teremos muito a aprender. Um desses ensinamentos trata do *Óctuplo Caminho*, dos oitos caminhos do meio, e da busca pelo equilíbrio de nossas ações.

Uma dessas ações, que precisa de intenção equilibrada, é a atenção plena. Isso significa estar consciente, com esforço tranquilo ao que acontece dentro de nós ao longo do dia, no que tange nossas emoções e pensamentos. A meditação é um exercício prático e simples de repouso do corpo e de controle dos diálogos que criamos dentro de nossa mente, e que ajuda a levar esse estado contemplativo para os momentos de ação da vida cotidiana.

Hoje em dia muitos estudos são divulgados nessa linha, e que surgem com o nome de *Mindfulness*, que também quer dizer *"atenção plena"*. A capacidade de estar consciente da nossa própria existência e da nossa relação com o nosso entorno significa, de certa forma, estar vivo de verdade. Quem não percebe que está presente na vida é como se nem vivo estivesse.

Uma forma prática de testar nossa atenção é tentar recordar o que nós almoçamos no dia anterior. Algumas pessoas têm grande dificuldade em evocar uma situação tão recente como essa. Outro exercício é tentar relembrar a roupa que usamos ontem, ou no último dia de trabalho. Um pouco mais difícil talvez seja lembrar a roupa que nosso colega de trabalho, que sentou na nossa frente na reunião de hoje, estava vestindo. Um pouco mais difícil ainda talvez seja tentar rememorar como nós estávamos nos sentindo ao longo do dia que passou. Provavelmente foram muitas sensações diferentes ao longo das diferentes situações.

Enquanto as emoções mudavam, era você quem estava no controle delas, ou elas estavam reagindo de acordo com as alterações do ambiente à sua volta? E o que dizer a respeito das emoções escondidas acontecendo dentro da essência de seus colegas de trabalho, amigos, familiares, pais e cônjuge? Você é capaz de ler nos olhos das pessoas as frases sutis que não são ditas pela boca?

Com o passar do tempo, descobri que o que eu considerava uma falha de minha personalidade era apenas uma potencialidade pouco valorizada por nossa sociedade barulhenta, e que se trata de saber ouvir as pessoas. Não apenas escutar, mas contemplar com a atenção total de quem quer compreender e assimilar para além das palavras e sons emitidos pela voz.

Certamente aprendi a me tornar um excelente conversador, e a timidez já é coisa do passado, todavia poucos sabem que o ponto forte da minha comunicação é saber ouvir intensamente. O exercício que eu proponho para hoje e amanhã é o de observar cada detalhe de tudo o que você viver. Quando entrar em uma sala, observe os móveis e as cores. Quando falar com uma pessoa, dê mais atenção ao que ela está dizendo e faça mais perguntas, ao invés de oferecer tantas opiniões. Observe o canto dos pássaros. E, acima de tudo, observe o som de seus sentimentos. Não julgue, apenas observe. Outro nome para esse exercício é contemplação.

Feche os olhos por um segundo e perceba todos os sons. Durma na paz de Buda.

## 4.10 Malala Yousafzai

*"Hoje é um dia de grande felicidade para mim."*

Muitas crianças choram e esperneiam quando chega o dia de ir para a escola pela primeira vez. Eu recordo que comigo foi diferente. Um dos momentos mais felizes de minha vida foi vivido durante a expectativa do primeiro dia de aula. Eu mal podia esperar. E desde então eu nunca me decepcionei com o que eu encontrei lá. Minha alegria foi tanta que eu nunca celebrei nenhuma formatura, nem quando conclui o ensino médio, nem quando graduei na faculdade. Esses nunca foram momentos de finalização ou de celebração para mim, mas sim de continuação, porque eu jamais quero parar, e eu sempre quero mais.

O que eu não sabia é que nem todos os jovens distribuídos pelo Planeta têm o mesmo privilégio que eu tive, e que tantos outros nem sequer compreendem a importância de aprender. Ambos os casos são muito tristes.

FILOSOFIA PARA DORMIR

Mais triste ainda é descobrir que crianças são ameaçadas e até mesmo mortas por sonharem com a educação. Uma menina, em 2012, quando voltava da escola, foi alvejada com três tiros, porque ela defendia bravamente o direito de todas as crianças em poder estudar e lutava pelo direito de todas as mulheres serem livres para escolher a vida que mais lhes encantasse. Essa jovem tinha apenas 15 anos de idade quando esse atentado aconteceu. Felizmente Malala Yousafzai sobreviveu para declarar em seu discurso de aceitação do prêmio Nobel da Paz em 2014, *"hoje é um dia de grande felicidade para mim"*.

Malala é de origem paquistanesa e sempre gostou de estudar. Lamentavelmente, o seu país foi invadido pelo grupo terrorista Talibã que proibiu as meninas de irem para as escolas. Como forma de luta por sua liberdade e com o apoio do pai, ela começou a escrever em um blog com o nome fictício de Gul Makai, para esconder a sua identidade. Isso não impediu que o Talibã descobrisse a sua artimanha e entrasse no ônibus que levava ela e outras colegas de volta para casa depois de um dia de aula, e tentasse silenciá-la com três tiros. O que eles tentaram calar acabou se tornando uma voz mundial na luta pelo direito de todos os pequeninos ao acesso à educação. Malala sobreviveu milagrosamente sem nenhuma aparente marca física do que aconteceu e sem nenhuma cicatriz emocional, pois ela afirma não alimentar nenhum ódio contra o terrorista que tentou matá-la (Uau!).

É de chover lágrimas no olhar, especialmente eu sendo professor, ouvir o discurso de Malala durante o recebimento do prêmio Nobel da Paz em 2014 no vídeo que está disponível no *Youtube*. Eu precisei parar a imagem diversas vezes para tentar me recompor até conseguir chegar ao fim, especialmente quando ela diz: "obrigado aos meus pais e aos meus professores". Como é possível que alguém possa tentar silenciar o sonho de um ser inocente que almeja "somente" adquirir conhecimento? Entretanto não é fácil calar uma voz que proclama: "eu sou apenas uma pessoa engajada e teimosa, que quer ver todas as crianças com acesso à educação de qualidade; que quer ver as mulheres com direitos de igualdade; e que quer a paz em cada canto do Planeta". Essas palavras saíram da boca de uma adolescente de 17 anos, a pessoa mais jovem a ganhar um Nobel.

Essa poderosa super-menina e brava guerreira ama a escola e a leitura. Ela também informa em seu discurso que a primeira palavra escrita no Alcorão é "leia", a fim de não perder a oportunidade de incentivar os seus ouvintes do Mundo inteiro a ler, pois ela acredita (acertadamente) que é nos livros e na educação que reside o futuro promissor de qualquer ser humano. Naquele obscuro dia 09 de outubro de 2012, ela sobreviveu ao atentado; tristemente, essa não é a sorte de muitas outras vítimas ao redor do Mundo.

Enquanto em muitas partes do Planeta o desenvolvimento e o consumo são exponenciais, em outras tantas partes pessoas inocentes perdem a vida de forma brutal, e crianças tornam-se órfãs por causa da violência. Saibamos aproveitar a sorte de termos a liberdade de viver e estudar. Leia mais; estude mais. Dê livros de presente. Leia também o livro que Malala escreveu, *Eu sou Malala*.

Sonhe com um belo futuro para a humanidade.

## 4.11 Anne Frank

*"12 de junho de 1942 a 01 de agosto de 1944."*

Geralmente quando vemos uma data de início e uma de final é porque estamos diante da informação de período de vida de alguém. A primeira data revela o dia de nascimento, enquanto que a data seguinte informa o falecimento. Lembrei-me disso porque recentemente visitei o túmulo de meu melhor amigo, que morreu ainda muito jovem. Foi curioso, pois mesmo estando diante da prova concreta de que ele não vive mais, era como se ele ainda estivesse presente, tão forte ainda é a memória de sua personalidade. No caso de nosso estudo de hoje, no entanto, a primeira data representa o instante em que Anne Frank iniciou o seu diário de anotações e o segundo momento, de quando foi forçada a interromper os seus escritos. Estamos falando do *Diário de Anne Frank,* que foi produzido por ela no período de *"12 de junho de 1942 a 01 de agosto de 1944".*

Quando Miep Gies entrou no quarto onde Anne passara dois anos escondida, ela encontrou diversas folhas escritas à mão espalhadas pelo chão. Anne Frank não teve tempo de organizar o seu trabalho antes de ser levada pela polícia Nazista, que havia descoberto o esconderijo da família por intermédio de informantes secretos. O abrigo ficava no prédio da empresa do pai de Anne, Otto Frank, na Holanda, em Amsterdam. A família Frank foi forçada a deixar a Alemanha Nazista por serem alemães judeus e por temerem por suas vidas em seu país de origem. Entretanto a guerra chegou até o país vizinho e depois de pouco mais de dois anos de refúgio, eles foram encontrados.

FILOSOFIA PARA DORMIR

Apenas o pai de Anne sobreviveu para receber de Miep os papéis que ela havia encontrado depois que a família foi levada pelos oficiais. Otto Frank sabia do sonho da filha em ser escritora e decidiu publicar o diário. Hoje o prédio onde eles ficaram ocultos por aquele tempo pode ser visitado em Amsterdam e o diário de Anne pode ser adquirido em qualquer livraria ao redor do Mundo.

Por que é importante hoje olharmos para uma data e não para uma frase? Porque Anne Frank morreu em algum dia incerto em fevereiro de 1945, aos 15 anos de idade. *Nós temos apenas certeza de quando foi o último dia em que ela registrou os seus pensamentos.* Nem mesmo o direito a morrer definitivamente foi dado a essa criança. Entretanto talvez com isso tenha se cumprido o desejo que ela revelou em seu diário, o de continuar vivendo mesmo depois de sua morte. Certamente a história dela ainda vive entre nós. Além desse sonho, ela revelou muitos outros que não pôde realizar; a ela apenas foi concedido o direito de sonhar por um curto espaço de tempo.

Ela também não pôde viver o sonho de ser atriz, porém teve a sua história contada em diversos filmes. Todavia até mesmo os filmes que narram a vida dela têm um tempo para iniciar e um momento para encerrar. Os horrores da Segunda Guerra também chegaram ao fim. Tudo o que começa, um dia termina, e as datas nas lápides dos túmulos são as evidências mais tristes dessa verdade.

Um dia nós também seremos apenas uma data. Todavia, antes disso, nós teremos todo o tempo do Mundo que a Anne não teve para vivermos os nossos projetos existenciais. A história dessa inesquecível menina parece muito triste, mas ela não é mais infeliz do que a vida daqueles que nunca nem sequer começam a escrever a sua própria narrativa. Tente imaginar em como era para a Anne acordar todos os dias em um esconderijo, sem a liberdade de poder sair na rua para brincar ou estudar, com a única possibilidade de escrever os seus pensamentos em seu diário, todos os dias, por pouco mais de dois anos. Ela ousou acreditar mesmo sem nenhuma perspectiva.

O nosso desafio filosófico será iniciar o nosso próprio diário e escrever nele nossas meditações, emoções, sonhos e metas, por pelo menos uma semana e guardá-lo para lê-lo no futuro. Além disso, também sugiro adquirirmos em uma livraria e lermos o livro *Diário de Anne Frank*. Temos também a opção de assistirmos ao filme de sua história. E acima de tudo, que saibamos colocar em prática os nossos sonhos e aproveitar a vida.

Se você pode deitar sem receio de ser acordado aos gritos pela polícia, então você é feliz.

## 4.12 Epicuro

*"Dentre os desejos há os que são naturais e os que são inúteis."*

Vivemos em uma cultura que alimenta o desejo de ser feliz o tempo inteiro e que se sente no direito de ter as suas demandas atendidas incontestavelmente. ***"Dentre os desejos há os que são naturais e os que são inúteis".*** É natural querer a felicidade, mas, por outro lado, é inútil almejá-la o tempo inteiro, ou cogitar nunca sofrer. Onde está escrito que a felicidade é um direito humano? A frase "você nasceu para ser feliz" está estampada no subconsciente da sociedade moderna e espalhada pelas redes e mídias sociais, porém a verdade por trás dela parece menos promissora, pois, se pararmos para filosofar, perceberemos que isso não é assim, e certamente Epicuro poderá nos ajudar a clarear essas inquietações.

Epicuro foi um filósofo grego, que nasceu em 341 antes de Cristo. Ele ficou conhecido como o filósofo da felicidade e do prazer, e chegou a ser contemporâneo de Aristóteles. Ambos os filósofos abordaram o assunto da felicidade, ou *eudaimonia*, e de qual o melhor caminho para alcançá-la. Mas diferentemente do que a sociedade hoje prega, o conceito daqueles filósofos oferecia uma felicidade menos ilusória e mais centrada nas virtudes, e em uma conduta de vida filosófica e contemplativa, que buscava a satisfação de viver na realização em evoluir enquanto ser humano intelectual.

A felicidade, para eles, estava distante dessa ideia de que temos o direito aos prazeres da vida, e muito mais atrelada à noção de que feliz é aquele que compreende que a existência é feita de momentos agradáveis e também de situações conturbadas; e que aquele que for capaz de aproveitar com moderação e controle os momentos bons e suportar com equilíbrio e imperturbabilidade os percalços desafiadores será verdadeiramente feliz. Já a felicidade pregada pelos meios de comunicação modernos é o da busca insaciável por prazer e pela aquisição de bens.

Nem Epicuro nem Aristóteles condenavam os prazeres ou as riquezas, muito pelo contrário, falavam deles com a naturalidade de quem compreende que isso é bom, mas que não é tudo, e principalmente, de alguém que não deixa sua mente e suas emoções serem dominadas pelos desejos. Para Epicuro, a veleidade (vontade inútil) era a fonte de erro e de infelicidade das pessoas quando anseiam por coisas que não podem ter. Na filosofia dele, o prazer exerce grande influência e importância, mas trata-se do prazer de se deleitar com as coisas certas, como o gozo de adquirir conhecimento, o júbilo da tranquilidade da mente, e a satisfação em conviver inteligentemente com as emoções; sem nunca esquecer que as vicissitudes (mudanças) da vida podem nos trazer situações desafiadoras e tristes, e que saber lidar com elas fará de nós pessoas verdadeiramente alegres.

Nós podemos e devemos almejar sentir prazeres na vida, mas isso quer dizer que precisamos aprender a controlar os nossos desejos para o limite de nossas condições em conquistá-los, e sempre que os objetivos aumentarem, compreender que mais esforço será necessário para chegar até lá. A infelicidade que a nossa sociedade tem experimentado está profundamente enraizada na noção errônea que nós desenvolvemos de que tudo o que nós queremos, nós deveríamos receber. Não há problema nenhum em almejar ter uma mansão, desde que se possa arcar com o preço de adquiri-la. Mais relevante do que isso é saber reconhecer quais são os anseios que partem de nossa própria escolha interior, daqueles que apenas foram implantados em nossas mentes pela mídia, propagandas, comerciais ou empresas de marketing.

O desafio filosófico para hoje e amanhã é fazer um jejum de comidas pesadas e passar o dia inteiro comendo apenas frutas e bebendo água, para sentirmos o quão vulnerável o controle de nossos apetites está. Além disso, podemos também doar as roupas que não usamos mais. Se você não for capaz de fazer uma dessas coisas, isso quer dizer que não tem condições de determinar a sua própria felicidade.

Dormir é um prazer legítimo. Permita-se deleitar nos sonhos, sem culpa.

## 4.13 Maria, Mãe de Jesus

*"Mulher, eis aí teu filho." – Jesus.*

Quando as pessoas filosofam com ações, ao invés de palavras, a mensagem é mais intensa. Maria não teve o papel de ensinar e não obstante é com ela que aprendemos algumas das mais lindas verdades. Jesus tentou ensinar e foi por vezes mal interpretado. Maria voltou-se ao serviço obediente de uma mãe que sofreria mais do que qualquer outra pessoa na história da humanidade, e por isso nos transmite a mensagem da luta inabalável.

É inimaginável tentar compreender a dor que a tortura que Jesus sofreu deve ter causado em sua própria carne. Tarefa ainda mais impensável seria querer sentir com toda a nossa capacidade imaginativa a aflição que Maria deve ter suportado ao ver seu próprio filho amado ser humilhado e assassinado sem ter qualquer pecado. E mesmo assim, ao ler os textos evangélicos da Bíblia, não é a imagem de uma mulher abalada que vemos, mas sim a de uma figura gigante, que não se esquivou em nenhum instante das angústias que sofreu e que não clamou por misericórdia em nenhum momento.

Nenhum discípulo se atreveu a atribuir a essa poderosa mulher qualquer palavra de incerteza ou de desfalecimento. Os apóstolos narram algumas passagens em que Jesus pede pela clemência divina, fato que é por nós incontestavelmente compreensível, todavia, para ela, que suportou agrura equivalente, não houve nenhum momento em sua conduta que pudesse revelar aos discípulos titubeio ou abatimento quanto à tarefa que ela desempenhou.

E mesmo quando ela era torturada em sua alma aos pés da cruz, enquanto olhava o filho dependurado no alto do madeiro, Jesus outorga-lhe ainda mais uma missão, quando diz a ela: *"mulher, eis aí teu filho"*, ao designar o jovem João, que estava inconsolavelmente abalado, como responsabilidade dela agora. Enquanto os discípulos traíram e fugiram, Maria foi forte do início ao fim de seu martírio. Jesus sabia que só podia contar com ela em seu momento mais penoso. Ninguém mais teria a força insuperável de uma mãe ou de uma mulher.

As mulheres, os receptáculos do verdadeiro amor incondicional, suportam, ao longo da história, a pena de ver seus filhos matarem e serem mortos de forma estúpida e cruel. Sempre incomodava-me ao ler nas passagens bíblicas, Jesus não chamar Maria de mãe, mas "apenas" de mulher. Hoje compreendo que não há forma de tratamento mais elevada de se dirigir a algum ser humano do que usando a forma que ele escolheu para chamar a criatura que lhe deu a luz, e essa expressão é: Mulher.

Ele pareceu ríspido quando Maria pede-lhe que ajude com o problema de falta de vinho em um casamento, ao responder à solicitação dela dizendo: "Mulher, que tenho eu contigo?". Entretanto certamente ele percebeu sua gafe, pois logo depois transformou a água no melhor vinho que aquelas pessoas jamais tinham provado. Isso mostra a sabedoria de Jesus, pois, apesar de vacilar, soube ouvir a solicitação de sua mãe.

Todavia ele não a chama de mãe, mas de mulher. É como se ele quisesse posicioná-la não como uma pessoa em relação de exclusividade com ele, mas sim com a história da humanidade, que precisaria dar ouvidos à mensagem de força que Maria seria encarregada de simbolizar.

Muitos filósofos tentam ensinar como evitar a dor e desvencilhar-se do sofrimento, na tentativa de corrigir o Mundo da injustiça e precariedade. A mensagem de Maria, ao contrário, é a de aceitar a dor e a injustiça em silêncio e com força imperturbável. Às vezes não somos capazes de compreender as crueldades que testemunhamos, nem de mudá-las; nesses momentos cabe-nos apenas ser forte e aceitar, como ela ainda aceitou mais uma missão, ao ouvir de Jesus no momento derradeiro: *"mulher, eis aí teu filho"*.

Nosso propósito filosófico para hoje é pensar na missão que sentimos que temos na vida ou no desafio que temos evitado por medo da dor, do sofrimento ou do fracasso. Chegou a hora de escolher encarar o pior sem perguntar "por que?".

Leitor(a), eis aí teu travesseiro Ortobom de plumas de ganso e fronha antialérgica. Durma bem.

## 4.14 Dalai Lama

*"Eu tenho certeza de que pisarei novamente no Tibete nesta vida."*

Qual é o seu maior objetivo? O que você mais deseja? Se pudesse escolher qualquer coisa, o que seria? Para algumas pessoas é escalar o Monte Evereste, a montanha mais alta do Mundo, localizada no Himalaia, região do Tibete, com quase 9 mil metros acima do nível do mar. Diversos alpinistas já morreram tentando essa empreitada.

A escalada até o ponto mais alto da Terra pode ser associada com a nossa própria ascensão existencial. Para alguns, chegar ao topo significa uma jornada espiritual ou intelectual, para outros, pode ser a busca pelo poder ou pela riqueza. Alguns definitivamente dão a própria vida na busca por aquilo que acreditam, outros tantos desperdiçam a vida por não conhecerem exatamente o seu propósito. Um exemplo é o filme *Sete anos no Tibete*, com Brad Pitt, baseado no livro de mesmo nome, que relata a jornada de um homem em busca da realização de uma ambição obsessiva, mas que no fim acaba encontrando algo completamente inesperado.

Dalai Lama é o representante do budismo tibetano e também líder político da região, encarnado atualmente em seu 14º escolhido, Tenzin Gyatzo. A palavra "Dalai" significa "oceano"; e "Lama", "sabedoria". Acredita-se, segundo essa filosofia espiritual, que sempre que um Dalai morre, ele reencarna em outro corpo para conduzir a humanidade no caminho da elevação espiritual. Quando isso acontece, os mais elevados membros do budismo reúnem-se para ouvir o oráculo e identificar onde o próximo Dalai irá nascer. Geralmente o nascimento acontece na região do Tibete. Entretanto, no momento, essa região está sob ocupação chinesa e o atual Dalai vive exilado e não exerce qualquer autoridade política. É por isso que o seu maior desejo é poder retornar ao seu território e conduzir o seu povo e a sua cultura de acordo com o costume. Conforme suas próprias palavras: *"Eu tenho certeza de que pisarei novamente no Tibete nesta vida".* Ele afirma que a próxima reencarnação possa não acontecer e que a necessidade de sua função espiritual pode estar chegando ao fim.

Como conciliar uma situação em que a filosofia espiritual prega a paz e compaixão, com uma situação política que não pode ser resolvida pelo diálogo e diplomacia? Tudo o que essa figura religiosa mais ambiciona é poder voltar à região símbolo de sua crença e restabelecer o curso natural e pacífico de sua filosofia e de seus seguidores. Se ele não agir, corre-se o risco de ver essa forma de vida acabar nos próximos anos.

Tente imaginar por um momento como deve ser o conflito emocional que se trava dentro da mente dessa santidade. Ou para compreender melhor o que ele deve sentir, tente pensar em como deveria ser conviver com a certeza de que você nunca realizaria o seu maior propósito. Seria mais do que justificável ver alguém nessas condições abdicando de seus ideais religiosos. Todavia o Dalai não demonstra o menor sinal de rancor ou ódio contra as autoridades chinesas. Suas palavras de amor e perdão continuam inabaláveis.

E apesar de alimentar uma grandiosa ambição dentro de seu íntimo, ele não permite que esse desejo meramente humano sobrepuje a paz e sabedoria espiritual que ele prega. Eis um verdadeiro líder político e religioso, com luminosa autoridade para falar de amor, perdão e paz de espírito, mesmo diante das adversidades.

O ensinamento filosófico do Dalai serve para nos mostrar que não há nada de errado em ter elevadas ambições, apenas precisamos ter o cuidado para não permitir que nossos anseios assumam o controle sobre a nossa razão e valores morais. A força da obstinação do Dalai é comparável a de um homem que acredita firmemente que pode chegar ao topo do Evereste sem mover qualquer músculo e sem dar nenhum passo para isso. Nós que olhamos de fora sabemos que isso é impossível, mas nada do que dissermos ou fizermos abalará a sua fé ou a sua paz de espírito.

Se ele acredita que o certo é ficar parado esperando que seu intento se realize, a fim de evitar um deslizamento que possa causar muito prejuízo, é exatamente isso que ele vai fazer. É possível que, por sua sabedoria elevada, ele saiba de algo que nós desconhecemos, e quem sabe não existe apenas uma única maneira de chegar ao cume de nossos sonhos. Não abdique jamais de suas ambições, mas tenha flexibilidade o suficiente para se adaptar à realidade e não ser soterrado por uma avalanche de decepção.

Tenha uma noite serena que o faça voar sobre as nuvens do Monte Evereste.

## 4.15 Eckhart Tolle

*"Onde quer que você esteja, esteja por inteiro."*

Quando você ler a palavra AGORA na próxima vez neste parágrafo, você vai fazer de acordo com a minha sugestão. Você irá parar por um minuto a sua leitura e observará o seu entorno, tentando prestar total atenção a cada objeto que estiver próximo de você. Depois de olhar para os objetos, caso haja alguma pessoa, detenha a sua contemplação sobre ela também, tentando capturar cada detalhe daquela fisionomia. Tente imaginar os pensamentos e emoções que ela pode estar experimentando. Após fazer esse exercício de contemplação exterior, você dirigirá toda a sua percepção para dentro de si mesmo. Sinta o seu coração trabalhando no peito. Dê-se conta da complexidade de seu corpo. O aparente simples ato de respirar requer o perfeito funcionamento sincronizado de diversos órgãos. E mais importante de tudo, não há dor nenhuma lhe afligindo. Isso bastaria para fazer de você a pessoa mais feliz do Mundo. Entretanto como estão as suas emoções? Dedique um pouco de atenção também a elas. AGORA.

Ao realizar esse simples exercício de meditação contemplativa, você trouxe todo o seu foco de alerta para o seu presente momento. Seus pensamentos não estavam presos no passado e não se encontravam perdidos em um futuro imprevisível. Por apenas um minuto você esteve no único instante de existência em que vale a pena estar, no agora. Esse é o principal ensinamento do mestre espiritual alemão Eckhart Tolle.

Uma das passagens que mais me marcou no livro de Eckhart, *O Poder do Agora*, foi a metáfora de um mendigo que vivia por 30 anos nas ruas de uma cidade, sentado sobre uma caixa, e pedindo esmolas, até que um dia, um estranho, ao ouvir o seu apelo por moedas, respondeu que não tinha nada para dar, mas intrigado pela caixa, perguntou o que o mendicante levava dentro dela. Nada, ele respondeu. Curioso, o transeunte pede para ele abri-la. Ao fazer isso, o pobre coitado descobre que esteve o tempo inteiro sentado em um caixote cheio de ouro. O que eu compreendo dessa alegoria é que todos nós estamos sentados em uma mina de ouro o tempo inteiro, mas às vezes não nos damos conta disso. Esse tesouro é o nosso cérebro, essa engenhoca dentro de nossa cabeça capaz de produzir riqueza aos bilhões, desde que aberta; desde que exercitada.

Não obstante eu tenho uma crítica a fazer aos autores dessa linha filosófica: o foco obsessivo na felicidade. Todos propõem-se a ensinar o caminho da alegria e satisfação com ferramentas e ideias que ajudem a amenizar ou superar as dores e tristezas. Só que é impossível ser alegre o tempo inteiro, e acreditar que isso é alcançável pode se tornar um fardo cansativo de suportar. A realidade revela-nos que não está escrito em lugar algum que nós nascemos com o direito de ser feliz. Sim, eu concordo que é importante encontrar um mínimo de tranquilidade interior diante das calamidades existenciais, mas, acima de tudo, eu acredito ser profundamente libertador não viver com a obrigação de ser contente o tempo inteiro. Está tudo bem ter momentos ou dias de tristeza e dor emocional. Os infortúnios vêm e vão; as alegrias também. Acho que essa é uma interpretação melhor da frase *"onde quer que você esteja, esteja por inteiro"*.

Quando estivermos em um aniversário chato, basta estar ali por completo, sentindo todo o aborrecimento da situação. Ficar irritado pensando em como seria bom estar em outro lugar não vai ajudar. No inevitável dia em que perdermos alguém, será necessário e de nosso inteiro direito sentir a dor que nos invade e nos pertence. E quando a felicidade bater na porta da frente de nossa residência, que saibamos estar presentes para recebê-la, como uma surpresa mais do que bem-vinda, sempre com a consciência de que a qualquer momento ela irá pedir licença para ir embora. Não há razão para ficar excessivamente triste e apegado a ela quando ela partir. Lembre-se que você também pode visitá-la de vez em quando.

Esteja por completo em um dos instantes mais importantes de seu dia. Aproveite as suas horas de sono; AGORA.

## 4.16 João Batista

*"Eu sou a voz do que clama no deserto."*

Você alguma vez desejou ou imaginou como seria ter algum poder especial? Se sim, que força sobrenatural gostaria de ter? Talvez voar, ler pensamentos, ou quem sabe ser invisível? Ou então quiçá algo altruístico, do tipo curar pessoas, ou transformar o sentimento de ódio no coração dos outros em amor? E por que não algo completamente egoísta, como o exemplo do mitológico rei grego Midas, que era capaz de transformar qualquer objeto que tocasse em ouro? Hoje atribuímos o toque de Midas àquelas pessoas que têm a fácil habilidade de converter em sucesso tudo o que empreendem. Cuidado para não esquecer que no mito de Midas ele morre por não ser capaz de ingerir os alimentos que, inevitavelmente, alterava em metal sempre que os tocava.

Você há de lembrar que na Bíblia atribui-se a Jesus Cristo o fantástico poder sobrenatural de curar a enfermidade de seres humanos acometidos das piores doenças. A pior delas era a chaga, que inclusive transformava a pessoa infectada em alguém impuro segundo a tradição religiosa, e que precisava ser excluída do convívio social. Então, além da aflição física, havia também a dor emocional de se ver morrer aos poucos também no espírito. As pessoas com esse mal não podiam ser tocadas, no entanto Jesus não se importava em andar com elas e de estender as mãos para livrá-las de suas mazelas curando-as pelo toque. Isso a Bíblia relata que ele fez em diversas ocasiões. Especula-se que tal poder Jesus teria aprendido com o seu primo e melhor amigo, João Batista, que provavelmente era membro da seita dos *essênios*.

Os essênios foram um grupo judeu formado no século II, antes de Jesus, e que profetizava a vinda do Cristo. Os membros dessa organização eram conhecidos por algumas peculiaridades: a capacidade da cura pela imposição das mãos; tratamento através do uso de ervas medicinais; eram todos vegetarianos; não ingeriam bebidas alcóolicas; realizavam o ritual do batismo nas águas sobre os introduzidos nessa filosofia (Jesus foi batizado por João); e também acreditavam que o nosso corpo é o templo de Deus, e que, portanto, deveríamos dar de comer aos pobres e famintos, pois eles seriam a representação viva do próprio Deus.

Entretanto João Batista, assim como Jesus, foi preso sem uma acusação relevante e sem ter cometido qualquer crime, e foi executado violentamente sem um julgamento apropriado. Aliás, é curioso observar que Jesus Cristo foi, na verdade, lendo os registros históricos, considerado pelos legisladores daquela época um criminoso político que foi preso e que andava com outros criminosos, os quais também tiveram passagem pela prisão; bem como também andava com políticos desonestos, cobradores de impostos e prostitutas. Inclusive, na Bíblia, no evangelho de Mateus, no capítulo 25, nos versículos 35 e 36, Jesus incita os seus discípulos a visitarem os presos nas cadeias e os enfermos em hospitais.

João Batista ficou conhecido por proclamar a frase: *"Eu sou a voz do que clama no deserto".* Que imagem nós fazemos do deserto, senão a de um lugar sem vida e árido, assim como as emoções e expectativas de alguém que já perdeu a razão de viver, quem sabe como as pessoas atiradas nos presídios, os doentes esquecidos nos hospitais e asilos, ou os miseráveis abandonados nas ruas e debaixo das pontes.

Um dos exercícios filosóficos mais desafiadores de todo o nosso estudo talvez seja o deste capítulo, em que lhe convido (e convido a mim mesmo, também) a pensar na possibilidade de visitar doentes nos hospitais, ou levar alimento e roupas a alguém que esteja atirado pelas ruas, ou até mesmo visitar algum condenado na prisão.

Um dos grandes debates filosóficos de Sócrates era compreender se a noção de justiça com relação aos transgressores da lei visava a reestabelecer a conduta deles, ou apenas vingar e punir o mal que eles causaram à sociedade. Jesus não condenou essas pessoas e, ainda por cima, andou com elas e foi seu amigo. A justiça social já julgou e condenou os presos e para eles não resta mais esperança; falta saber se ainda existe amor dentro de nós para perdoar. Todavia essa é uma reflexão pesada demais. Existem muitas vozes clamando no deserto da existência.

Não precisamos de mais nenhum milagre; estar vivo já é um. Poder dormir sem dores, também.

## 4.17 Madan Kataria

*"Hahaha."*

Talvez você já tenha percebido que o mercado da motivação e da felicidade tem movido um grande número de seguidores, e tem feito a carreira profissional e a conta bancária de palestrantes dessas áreas voar nas alturas. Por muito tempo eu fui duramente crítico dessa forma de filosofia, que eu considerava rasa e apenas interesseira. Eu gosto de dizer que nós não nascemos com o direito de sermos felizes o tempo inteiro. Em minha compreensão da vida, a psicologia existencial deveria ser feita do todo que compreende as alegrias e as tristezas, as motivações e as depressões, e que nós precisaríamos saber aproveitar e vivenciar todas as possibilidades intelectuais e emocionais que a existência tem para oferecer. Eu expandi a minha forma de pensar quando experimentei na própria psique os poços da tristeza e a falta de motivação para acordar todas as manhãs. Por que será que de repente o calor da chama da vontade de viver havia se apagado dentro do meu peito?

*"Nós estamos pagando um preço muito caro por levar a vida a sério, agora chegou a hora de tratar a risada com seriedade".* Essa é a frase do médico indiano Dr. Madan Kataria. No entanto a frase mais repetida e conhecida dele é apenas **"hahaha"**. O Dr. Kataria ficou conhecido no Mundo inteiro por sua teoria do Yoga da Risada, que já está espalhada por mais de 60 países, como uma forma de melhoria da qualidade de vida e de ambientes de trabalho. Não se trata da risada oferecida pelos louváveis shows de comédia que nos fazem ter câimbras na barriga de tanto rir, porém sim de uma técnica com embasamento científico, desenvolvida pelo doutor Madan, em que o riso é estimulado por exercícios que, segundo ele, precisam ser praticados por mais de 20 minutos para desencadear a corrente de efeitos curadores e poderosos no corpo.

Em um primeiro momento, você apenas acha graça da cara simpática do Dr. Kataria e das pessoas praticando os exercícios de risada ao redor dele. Depois de um tempo, dando um pouco mais de crédito ao que ele tem a dizer, você começa a compreender que o que ele propõe nos interessa mais do que poderíamos imaginar. Todos nós precisamos viver a vida com mais alegria e boas risadas, nem que seja para forçar um pouco o riso em um primeiro instante, caso isso não seja comum em nossa realidade.

A filosofia acadêmica e mais convencional tem essa característica de ser frequentemente muito séria e de parecer lidar sempre com verdades absolutas. Todavia, depois que começamos a conhecer um pouquinho da teoria apresentada por cada filósofo, começamos a nos dar conta de que o mundo pode ser interpretado de diversas maneiras e que a verdade de que tanto falamos parece ser mais uma questão de opinião pessoal de cada um, e menos um argumento de certeza inquestionável.

É como se essa vasta área do conhecimento fosse um grande supermercado onde pudéssemos escolher a teoria que mais nos agrada, ou pela qual temos uma inclinação naturalmente mais forte. Parece que nesse grande supermercado nossa tendência tem pendido mais para contemplações taciturnas como as de Nietzsche e Schopenhauer, ou Platão e Aristóteles, e muito menos para propostas como a do Dr. Madan Kataria, Epicuro (Filosofia do Prazer), ou Mihaly Csikszentmihalyi (Psicologia do Fluxo; *Flow*). No fim das contas, tudo não passa da possibilidade de escolha que cada um de nós carrega dentro de si.

Quando a alegria afastou-se do meu ser, descobri que a filosofia teórica pouco teria a me oferecer na hora de encontrar motivação. Felizmente, para mim, descobri que andava dormindo muito pouco, e que isso estava afetando perigosamente o meu humor. Infelizmente, para outras pessoas, a solução não é tão simples, pois a depressão pode vir de uma constituição bioquímica difícil de tratar. Ou quem sabe a vida para alguns é apenas dura demais para ser suportada ou para ter alguma fagulha de brilho. Também ajudou-me profundamente estabelecer novos planos a serem conquistados. Não há muitas certezas do porquê valer a pena viver, às vezes é apenas uma questão de escolher a razão que mais nos agrada e acreditar nisso. Valorizar a vida não significa encará-la tão a sério, porém com mais apreço.

*Leve* apenas o sono a sério. Agora vamos dormir, porque amanhã temos muita burrada para fazer ... hahaha : )

# 4.18 Confúcio

*"Não faça aos outros o que você não deseja que façam a você."*

Nós, do mundo ocidental, temos grande dificuldade em saber como cumprimentar quando somos apresentados a alguém. A gente nunca sabe se apenas estende a mão, se abre os braços para abraçar, ou se dá alguns tapinhas nas costas. E quando é mulher a incerteza aumenta, pois ficamos na dúvida se devemos dar beijinhos na bochecha, e quantos. Antigamente era mais fácil, pois dizíamos a frase "três beijinhos para casar", mas até isso parece ter caído em desuso. Enquanto isso, a confusão só aumenta.

Os orientais têm um jeito muito mais claro e inteligente de lidar com esses momentos constrangedores. Eles apenas curvam o corpo diante da pessoa que estão cumprimentando, sem qualquer interação de toque físico. Compreender essa regra de etiqueta oriental nos ajudará a assimilar um pouco da filosofia de Confúcio.

Confúcio nasceu na China, em 551 antes de Cristo, e viveu por 72 anos. Sua filosofia pode ser primeiramente associada com essa atitude de curvar o corpo como uma forma de agir em sociedade. Quem curva o corpo, demonstra mais esforço do que alguém que apenas estende o braço para oferecer um aperto de mão. O trabalho de Confúcio como pensador está associado muito mais a uma forma de conduta social e política do que mera teoria. Ideia que também instiga o nosso esforço em viver em harmonia e colaboração social.

Em segundo lugar, dobrar o corpo em cumprimento é um ritual notadamente conhecido como oriental por qualquer pessoa no Mundo. Para Confúcio, os rituais e celebrações representam uma importante parcela de seu grupo de instruções. Para ele, divisões hierárquicas, nomes de tratamento de respeito, celebrações de datas importantes e até mesmo curvar-se diante de autoridades eram rituais que precisavam ser mantidos para garantir a rápida compreensão por todos dos diferentes momentos e ambientes em que cada pessoa estava e que função ela exercia nesse contexto. Costumes formais como esses evitam que uma pessoa passe por situações embaraçosas, como ficar no vácuo ao querer dar três beijinhos nas faces, enquanto a outra pessoa se preparou para apenas dois.

A terceira interpretação revela que quando os orientais se curvam diante dos outros, eles dirigem sua inteira atenção para o seu interlocutor, bem como voltam a cabeça e o olhar para si mesmos. Na cultura confuciana, devemos dedicar nosso total respeito e cuidado àqueles que nos deram a vida, como pais e avós. Para ele, é fundamental que cuidemos deles até a velhice e que os lembremos com honra depois da morte. Além disso, não deveríamos abandoná-los e nem mesmo morar longe deles. Quem sabe respeitar os pais e os mais velhos está mais apto para amar a si mesmo e aos outros, e, consequentemente, a tornar-se um líder político muito mais humanitário.

Como todo grande filósofo, Confúcio também deixou discípulos. O mais conhecido deles foi Mêncio, que nasceu em 372, antes de Jesus, e que acreditava que todos os seres humanos nascem bons. Como exemplo, ele afirma que qualquer pessoa que visse uma criança impossibilitada de se salvar no fundo de um poço, ajudaria a resgatá-la. Ele também ficou conhecido por causa de sua mãe e a lenda das três mudanças. Na primeira localidade onde moraram, o pequeno Mêncio copiava o choro dos homens em velórios. Depois, ele e sua mãe tiveram que se mudar para uma casa perto de um mercado público. Ali, Mêncio copiava os gritos incompreensíveis dos mercadores. Depois, mudaram-se para perto de uma escola. Agora a criança começou a copiar a atitude dos estudantes de ler e estudar. Eles decidiram permanecer nesse local.

Com Confúcio e Mêncio, aprendemos sobre a filosofia da ação correta e cordial em sociedade, e a máxima confuciana ainda vale nos dias de hoje: *"não faça aos outros o que você não deseja que façam a você"*, mas ao mesmo tempo ela também quer dizer: faça aos outros e pelos outros o que estiver ao seu alcance a fim de cultivar uma sociedade e um Mundo melhor de se viver. E quando não for possível mudar o ambiente à nossa volta, então que sigamos o exemplo da mãe de Mêncio e simplesmente mudemos a nossa postura diante das inconveniências.

Bom mesmo é o abraço apertado de quem amamos; ele opera milagres na hora de pegar no sono.

# 5

# SONO PROFUNDO

Alguns bons e raros amigos nós podemos ficar anos sem ver, porém quando os reencontramos é como se o tempo nem tivesse passado, e logo engatamos uma conversa fácil com eles. Algo em nossa energia invisível nos conecta. Outros conhecidos nós podemos ver todos os dias e não sentir o mesmo alinhamento de vibrações, e nem que forçássemos seríamos capazes de copiar aquela energia positiva das melhores amizades. Com outras pessoas a química de facilidade de interação parece funcionar por um tempo, para algum instante depois perder a sua essência, e nunca mais a encontrarmos. Existem fatores difíceis de compreender que influenciam nossas relações interpessoais.

Com familiares também acontecem conexões curiosas e, via de regra, parece fácil relacionarmo-nos com afinidade com eles, nem que seja só se for para brigar, e mesmo quando ficamos muito tempo distante deles, é como se houvesse alguma linha invisível a nos conectar com o seu âmago.

Eu tenho um tio muito querido que vejo muito raramente, mas cada vez que nos encontramos, podemos ficar horas, ou dias, conversando sem parar, pois a conexão energética está sempre ali presente. Só que suas visitas sempre são muito breves, e às vezes os intervalos entre uma e outra, muito longos, e já aconteceu de passar mais de cinco anos sem vê-lo.

Ele é um missionário religioso que eu aprendi desde criança a chamar de Irmão Marista, o que, para mim, não significa muito, então em minha cabeça eu compreendo essa definição como um padre que não reza missas, mas que ao invés disso faz serviços de auxílio a comunidades pobres ao redor do Mundo, e isso explica sua vida de viajante, uma vez que ele está sempre em alguma parte distante do globo, em algum país necessitado, tentando levar educação e técnicas de agricultura para pessoas que ainda estão desconectadas da revolução digital.

Em uma de suas visitas ele veio para apenas passar uma noite conosco, pois logo cedo, no outro dia, precisava pegar o voo de volta para algum lugar longínquo. Eu recordo perfeitamente bem que naquela visita algo espantosamente curioso aconteceu. Antes de nos retirarmos para dormir, ele me chamou de lado e pediu que colocasse o despertador do quarto de visitas para acordá-lo às quatro da manhã. Na época eu estava acostumado a acordar em torno das sete, então pareceu-me impossível alguém conseguir levantar tão cedo; eu certamente não seria capaz. Enfim, eu fiz o que ele solicitou, despedi-me dele e fui dormir com a certeza de que não o veria mais por algum tempo, até porque eu definitivamente não acordaria às quatro da manhã para me despedir dele novamente.

O nosso cérebro guarda mistérios e "poderes" que definitivamente ainda não conhecemos totalmente. Já lhe aconteceu de despertar no meio da noite e lembrar de fazer algo de que tinha esquecido? Naquela noite eu tive essa experiência. No meio do meu sonho, lembrei-me de que, ao colocar o despertador do meu tio para interromper seu sono às quatro da manhã em ponto, eu havia esquecido de posicionar o pino que aciona o alarme, então apesar de ter configurado o relógio para disparar na hora definida, ele não soaria, pois o detalhe final não havia sido ajustado.

De repente eu acordei "alarmado" comigo mesmo e com o meu sonho, e quando olhei para o lado da minha cama onde se encontrava o relógio que emitia os números vermelhos que eram nítidos na escuridão total, eu vi o momento exato em que o marcador mudou de 03:59 para pontualmente 04:00 da madrugada. Por um segundo achei que ainda estava no meu sonho, mas logo dei-me conta de que agora estava imerso no universo da realidade.

Entretanto eu não ouvi nenhum barulho pela casa, e muito menos o ressoar do aparato que deveria ter ecoado do outro quarto. Eu levantei e me dirigi silenciosamente até o aposento do meu tio e abri a porta. Tudo estava escuro e quieto. No relógio em cima do criado-mudo ao lado da cama dele eu podia ver em vermelho os números marcando 04:02 da manhã. Eu chamei baixinho e ele logo acordou.

Depois que ele saiu do quarto, eu entrei para verificar os ajustes no aparelho que deveria tê-lo acordado, apenas para constatar que de fato o alarme dele nunca teria soado. Eu estava estupefato com aquele ocorrido e não consegui voltar a dormir depois que o irmão de minha mãe foi embora.

A partir daquele ocorrido, comecei a desconfiar de que o nosso cérebro tem capacidades para além do nosso conhecimento. Não me refiro a um poder sobrenatural, apenas a algo que não treinamos e que consequentemente não desenvolvemos.

Por muito tempo fiquei me perguntado: como foi possível que minha mente inconsciente tivesse sido capaz de recordar que a minha ação consciente esqueceu-se de completar uma operação, tendo a autonomia de me acordar no exato momento (exato ao extremo de ver o marcador mudando para quatro horas em ponto) em que eu havia sido solicitado para configurar o alarme?

Aquilo foi indício suficiente para espicaçar minha curiosidade e motivar minha busca por tentar compreender mais a respeito do funcionamento cerebral e de suas potencialidades, sempre atento ao fato de que poderia haver habilidades ocultas que simplesmente não exercitamos por falta de curiosidade ou por pura falta de autoconhecimento.

Ao longo dessa busca, tenho feito alguns achados interessantes, às vezes por acaso, em algumas oportunidades através de amigos, e outras com experts da mente, e que, como escritor, eu costumo utilizar como benefício para a minha atividade e que também servem para outras práticas profissionais ou puramente recreativas.

Uma dessas habilidades diz respeito a manter-se sempre atento ao longo do dia aos detalhes que acontecem ao meu redor, pois qualquer sutileza pode virar uma boa história para um livro, ou quem sabe um bom aprendizado para a vida. Alguns dão o nome em inglês para essa condição de *Mindfulness*, ou *Awareness*. Em português, podemos chamar isso de *atenção plena* ou *consciência desperta*. Essa postura mantém-nos alerta a tudo o que acontece em nosso entorno, no que pode estar acontecendo com as pessoas que interagem conosco, além de observar o que acontece dentro de nós mesmos.

Nós estudamos um pouco a respeito desse tema no capítulo 4.9, sobre Sidarta Gautama, o Buda. Só que para que essa atitude de constante observação seja efetiva, percebi que é fundamental manter uma boa rotina de sono, pois sem isso o cansaço não permite que dispendamos energia tentando observar pequenos detalhes, e corremos o risco de passar pela vida cotidiana distraídos das belezas e mistérios que nos cercam.

E é justamente quando respeito o meu processo de repouso que tenho as melhores inspirações para os meus livros e soluções para os meus desafios. Além do mais, os sonhos são uma fonte inesgotável de respostas.

Também descobri por acidente uma técnica (já conhecida há anos por artistas) de criatividade muito proveitosa, que acontece especialmente quando estou prestes a acordar, em um estado intermediário entre inconsciência e consciência.

Todos os dias, quando vou despertando, eu não levanto logo de "supetão". Quando percebo que estou acordando, e que o sono já está me liberando de seu abraço, permaneço ainda alguns minutos em meu estado de semiconsciência, permitindo a meus pensamentos recordarem os seus sonhos e minha mente vagar por elucubrações filosóficas que possam querer me visitar naquele momento.

Frequentemente é nesses instantes que recebo ideias valiosas para iniciar um novo capítulo de um livro, ou encontro a alternativa para alguma dúvida a respeito de como continuar alguma ideia literária intrincada de solucionar, ou ainda para resolver alguma questão pessoal ou profissional.

Muitos sugerem que esse processo também pode ser aplicado antes de cairmos no sono, momento precedente ao mergulho no inconsciente. Todavia comigo essa técnica funciona melhor quando estou acordando. Eu tento aplicá-la antes de dormir, mas sempre acabo entrando no universo dos sonhos inadvertidamente.

Outra estratégia poderosíssima para o processo de criatividade é meditar algumas horas ou alguns minutos antes de ir deitar pensando em alguma questão a ser resolvida ou ideia a ser construída. Por exemplo, quando eu quero produzir um novo material, mas não sei muito bem por onde começar, eu reflito sobre a ideia base antes de ir dormir e "peço" para que a minha mente encontre uma alternativa durante o sono juntamente com a força do inconsciente, e quando eu acordo pela manhã a resposta simplesmente aparece na minha consciência. É um "poder" incrível!

E mesmo que nada de especial aconteça, o simples fato de sonhar já é maravilhoso. Todavia muitos dizem que não sonham enquanto dormem, porém na verdade apenas não estão treinadas para recordar as fantasias que viveram durante a noite. Basta todos os dias antes de levantar tentar reviver o que foi fantasiado durante o sono e logo depois de algumas tentativas quem sofre dessa inabilidade logo começará a recordar a meia dúzia de viagens incríveis e histórias fantásticas que o seu cinema particular projetou na tela da inconsciência durante a noite.

FILOSOFIA PARA DORMIR

Outros ainda afirmam ser capazes de controlar o que acontece em seus sonhos. O nome dessa técnica se chama *Sonho Lúcido*. Eu mesmo nunca consegui desenvolver essa habilidade. Na verdade nunca tentei. Portanto, não faço nenhuma promessa a respeito. Acredita-se que o sonho lúcido seja um ponto intermediário entre a consciência e o estado de REM (Rapid Eye Movement), que quer dizer movimento rápido dos olhos, e que é também o nome do grupo de Rock americano que canta a música *Losing My Religion* (Perdendo minha religião).

Falo tudo isso apenas para instigar a sua curiosidade e atenção para o fato de que a vida pode ser mais profunda do que a eventual superficialidade do cotidiano permite notar. A vida não parece ter sido pensada para ser apenas um constante apagar de incêndios profissionais; preocupar-se com as nossas questões financeiras; dormir todas as noites apenas para recuperar as energias, e no dia seguinte repetir tudo novamente, mecanicamente.

Existem muitos mistérios e recursos benéficos ao alcance de todos e que passam despercebidos por nós apenas porque nunca nos disseram que tais ferramentas existem ou porque não nos empenhamos minimamente em descobrir e fazer o seu uso.

Este livro é um convite para que possamos nos familiarizar com as sutis possibilidades da vida. Uma delas é apresentada na roupagem dos conhecimentos que vamos vestindo a cada capítulo lido. É fantástico descobrir a cada página que as grandes ações desenvolvidas por esses humanos foram feitas por gente com as mesmas condições físicas e cognitivas que nós, mas que apenas se dedicaram a desenvolvê-las com atenção e esforço.

Outro ponto importante que temos abordado, e com o qual temos tido preocupação carinhosa, é com esse nosso precioso companheiro de jornada de vida, o cérebro. As noites de descanso não servem apenas para recuperar as energias dispersas ao longo do dia, pois se esse fosse o objetivo ulterior, então a nossa máquina física pararia por completo. Afinal de contas, como já mencionado, é curioso observar que o nosso coração nunca para de "caminhar" pelo tempo de anos em que permanecemos vivos, e nem tampouco o cérebro desconecta da energia de produção de imagens enquanto dormimos.

O cérebro não quer se desligar quando repousamos; ele quer nos presentear com uma nova realidade. Adormecer não é de forma alguma perda de tempo ou desperdício de vida, como alguns insistem em afirmar. Repousar profundamente é parte indissociável e prazerosa de uma vida plena, só que é uma parte que compreendemos pouco a respeito, e que dedicamos insuficiente interesse em entender melhor. Existem atividades profundas e complexas acontecendo enquanto nossos olhos estão fechados.

Durante o tempo em que estamos despertos a nossa massa cinzenta não é capaz de acessar recônditos da mente que apenas podem ser conhecidos enquanto dormimos. E não é como se pudéssemos conhecer esses espaços com intenção consciente. É preciso respeitarmos o fato de que, enquanto dormimos, somos conduzidos por uma mão invisível por salas em um castelo dentro de nós.

Podemos afirmar que existem muitos milagres acontecendo na vida a todo instante. Alguns desses fenômenos nos pegam de surpresa e podem acontecer apenas uma vez na vida, como foi a minha experiência ao acordar exatamente às quatro da manhã. Outras vezes os prodígios desfilam diante de nós espalhafatosamente todos os dias, contudo nossas vistas acostumadas a eles se tornam perigosamente entediadas, como é o caso do milagre do sol que está lá todas as manhãs para nos encantar, e do ar invisível que passeia na ponta dos pés pelo pulmão de todos os seres vivos como se tudo isso fosse a coisa mais simples e fácil do Mundo. Tudo isso são esplendorosas maravilhas!

Caímos muitas vezes na falsa percepção de que a vida não tem graça quando não somos capazes de reconhecer o absurdo da existência e dos sonhos. A todo instante fascínios povoam a nossa caminhada e a cada fenômeno nós também somos esse milagre que se revela.

Existem muitas maluquices reais e curiosas acontecendo e é apenas preciso que estejamos dispostos a querer ver e a querer sonhar para percebê-las. Seu exercício para hoje e amanhã será o de, antes de cair completamente no sono, tentar se divertir um pouco observando os pensamentos surpreendentes que forem acontecendo enquanto você permite que eles surjam naturalmente.

E também amanhã, ao invés de saltar da cama imediatamente quando acordar, você fará esse mesmo exercício, e ficará de olhos fechados alguns poucos segundos, permitindo que seus pensamentos aconteçam, e também tentando recordar os sonhos e pesadelos que teve durante a noite.

Se estiver disposto, pode continuar essa atividade por mais alguns dias, para que o seu corpo compreenda a sua intenção e disponibilize situações diferentes a cada tentativa, e quem sabe alguma surpresa inesperada possa visitá-lo em alguns desses momentos.

Não estamos interessados em nada de sobrenatural, apenas nos acontecimentos observáveis que a mente é capaz de produzir e que nós estamos apenas desatentos para perceber e aproveitar.

Apesar de tudo isso parecer muita coisa a se fazer, especialmente para alguém como nós, que já está ocupado demais com tantas responsabilidades, a sugestão é de que essa nossa curiosidade não precisa levar mais do que 30 segundos ou no máximo um minuto a cada deitar e despertar.

Depois de toda a jornada que temos avançado até aqui, tenho certeza de que você já é capaz de perceber mudanças acontecendo em seu dia a dia e as boas ideias e a criatividade lhe visitando com mais regularidade do que acontecia antes. Bem-vindo ao mundo dos filósofos. Mas agora é hora de dormir e descansar, porque apesar de estarmos perto do fim do livro, ainda não chegamos ao final, e assim como não viemos até aqui para desistir, também não temos necessidade alguma de correr ansiosamente para cruzar a linha de chegada.

Tenha certeza de ter colocado a sua mente para despertar amanhã.

## 5.1 Jeremy Bentham

*"Quando esticamos as mãos para alcançar as estrelas, frequentemente esquecemos as flores aos nossos pés."*

Você é daquelas pessoas que perde a cabeça com facilidade diante de situações estressantes? Alguma vez já experimentou um momento extremamente desconfortável para saber como você reage em ocasiões inusitadas? É surpreendente descobrir a nossa reação em circunstâncias tensas. Um exemplo pessoal foi quando, certa noite, eu voltava dirigindo e fui parado pela polícia. Ao ver meus documentos, o policial solicitou que eu chamasse alguém para me buscar, pois eu acabava de perder a carteira de motorista. Minha mente avoada não havia percebido que eu tinha extrapolado a pontuação com multas. De qualquer forma eu me senti calmo naquele instante. Outro exemplo foi quando meu amigo e eu fomos assaltados à mão armada. Enquanto ele chorava desesperadamente e implorava para não ser morto, eu permaneci atento e completamente calmo. Eu descobri que em momentos apreensivos a minha mente permanece tranquila. Esse não é um reflexo que eu escolho conscientemente, ele apenas acontece.

O nosso filósofo de hoje também foi um ser humano que nunca perdeu a cabeça, nem depois de morto, literalmente. Jeremy Bentham solicitou antes de partir que o seu corpo fosse utilizado para estudos e que a sua cabeça fosse conservada para exposição na University College of London. Em três ocasiões ela foi levada a participar de decisões em reuniões e seu voto foi contado como nulo. Em virtude das brincadeiras que os alunos de vez em quando faziam com ela, a direção da escola resolveu mantê-la dentro de um compartimento trancado, até porque sua aparência não estava mais visualmente agradável. Em uma dessas travessuras, os alunos usaram-na para jogar futebol.

Todavia Bentham ficou famoso por sua filosofia jurista do *utilitarismo*, que diz que os governos, em suas leis, deveriam buscar o máximo prazer dos indivíduos com o mínimo de sofrimento, ou também buscar em suas ações o bem do maior número de pessoas, quando não fosse possível atender o desejo de todos. É importante lembrar que o conceito de sociedade é uma invenção da nossa racionalidade e o respeito às leis pressupõe que, ao fazê--lo, todos nós seremos mais felizes do que se não as respeitássemos. Quem não segue esse preceito deve ser punido pelo Estado. Outro pensamento de Bentham diz respeito justamente às prisões. É dele o conceito de prisões *panópticas,* nas quais os encarcerados são vigiados por um guarda que fica no centro da prisão, criando a sensação de constante observação e desconforto psicológico. Jeremy também ficou conhecido com um episódio na série de televisão *Lost,* intitulado: *A vida e morte de Jeremy Bentham.*

Bentham nasceu em Londres, na Inglaterra, em 1748, e é um bom exemplo do período conhecido como Iluminismo, momento filosófico centrado na razão. Talvez por isso o corpo após a morte tinha tão pouca importância sentimental para ele, e provavelmente teria achado divertido o fato de alunos jogarem bola com a sua cabeça. Fato é que em nossas vidas muitas vezes a nossa cabeça anda muito longe de nosso corpo e esquece-mos de prestar atenção aos detalhes mais importantes, como na frase de Bentham que diz que *"quando esticamos as mãos para alcançar as estrelas, frequentemente esquecemos as flores aos nossos pés".* Por vezes preocupa-mo-nos demais com o futuro e nossas ambições, e esquecemos de voltar nosso olhar para o que nós já conquistamos.

A filosofia de Bentham ajuda-nos também a interpretar os nossos contratempos com menos seriedade. Sempre que estiver diante de uma tragédia, talvez possa ajudar na hora de manter a calma, pensar em como isso poderia ter sido ainda pior. Quando eu perdi a minha habilitação de condutor, imaginei em como teria sido pior bater o carro e sofrer algum ferimento grave. Isso me ajudou a manter a serenidade enquanto via meu veículo sendo guinchado. O exercício filosófico para amanhã será listar em uma folha todos os motivos ao longo do dia para sermos gratos, desde poder ir ao banheiro sem sentir dor, o trabalho chato que pelo menos temos, até aquelas singelas situações agradáveis que nos pegam de surpresa.

Mantenha sempre a cabeça no lugar; e na hora de dormir, no travesseiro. Bons sonhos.

## 5.2 Emil Cioran

*"Escreva livros apenas se você for dizer neles coisas que não teria coragem de contar a ninguém."*

Mesmo quando estamos diante de quem amamos e conhecemos por muito tempo, olhamos dentro dos olhos de um ser que guarda alguns segredos profundos que não teria coragem de contar nem mesmo a nós. Os seus pais sempre guardaram pensamentos que nunca foram revelados. A pessoa com quem você possivelmente divide a cama nunca lhe falou de algo do passado. Você mesmo jamais contou para ninguém a respeito de algo que fez ou pensa. Você teria coragem de dividir o seu segredo mais íntimo com alguém?

Quando iniciei em minha carreira de escritor, repetidas vezes deparava-me com pensamentos que eu tinha receio em compartilhar. No começo, eu não sabia se deveria escrever aquelas ideias e revelá-las, pois tinha medo do que as pessoas iriam pensar de mim. Depois de ler essa passagem de Emil, *"escreva livros apenas se você for dizer neles coisas que não teria coragem de contar a ninguém"*, eu adquiri a audácia de que precisava para expressar ideias que valessem a pena serem lidas.

Escrever tornou-se um processo de descobrir tudo o que eu penso e que não falo abertamente. Até porque nem todos estão sempre dispostos a ouvir tudo aquilo que por ventura guardamos em nosso íntimo. Quando colocamos ideias em um livro, nós respeitamos a vontade daqueles que queiram conhecer nossas elucubrações ao seu tempo, sem corrermos o risco de sermos aquele inconveniente que aluga os ouvidos de um desavisado que caia em nossa armadilha.

Emil Cioran nasceu na Romênia, em 1911, e seu pensamento filosófico está associado ao Niilismo Existencial, que revela a falta de significado do viver. É claro que todos nós podemos falar de nossas razões para acreditar que viver é uma experiência valiosa, mas Emil diria que tudo isso não passa de palavras. Ler Cioran não é para mentes fracas ou receosas de serem desafiadas. Para alguns, o pensamento de Emil beira o pessimismo, porém é curioso perceber que depois de ler algumas ideias de Cioran, sentimo-nos equilibradamente confortáveis com a vida. É como se o seu pensamento filosófico tivesse a capacidade de trazer os exageradamente felizes para a naturalidade emocional e os atormentados pela depressão e melancolia para um estado de pelo menos não sofrimento. Isso porque Emil tinha a coragem de escrever sem receio a respeito dos pensamentos que povoavam a sua mente. Frequentemente os seus temas permeiam o suicídio, e apesar de escrever como quem admira a ideia, ele foi responsável por dissuadir muitos leitores de colocar em prática a vontade de se matar que traziam dentro de si. Cioran mesmo morreu de Alzheimer apenas aos 84 anos.

Muitas pessoas ao nosso redor alimentam ideias suicidas e pensamentos negativos, que causam nelas profunda dor e o desejo insuportável de não estar vivas. Para elas, viver não apenas não faz sentido, como o que sentem pode beirar o impossível de suportar. Qual não deve ser a dor profunda que sente alguém que pensa em cometer suicídio? Algumas pessoas não conseguem aceitar que alguém possa não querer estar vivo, mas até que ponto o que pensamos e desejamos parte realmente do nosso próprio querer? Talvez seja fácil julgar e não tentar compreender quando temos a felicidade de possuir uma mente naturalmente equilibrada.

De onde exatamente surgem os nossos pensamentos e será que somos nós os verdadeiros autores de nossas ideias? Ler Cioran ajuda-nos a compreender reflexões profundas e ousadas que poucos teriam a bravura de discutir, com receio do julgamento dos outros, mas sua proposta trata-se, acima de tudo, sobre meditar a respeito do que a vida realmente significa. Nosso exercício filosófico para amanhã será revelarmos para alguém que amamos algo de nosso coração e procurar dar mais ouvidos às pessoas de nosso cotidiano que nos cercam, e que frequentemente temos pouco tempo ou vontade de escutar. Poucas horas de sono afetam profundamente a minha alegria em viver, portanto procure sempre dormir o suficiente.

Algumas pessoas se matam de tanto trabalhar. É sempre bom dormir quando estamos morrendo de cansaço.

## 5.3 Sófocles

*"Não há calamidade maior do que a anarquia."*

Todos nós já passamos por algum tipo de tragédia. Para uns, pode ter sido um período desempregado com contas acumulando na gaveta. Para outros, a perda de alguém que partiu cedo demais. Ou quem sabe, um desastre natural ou uma doença que abala a nossa estrutura. Para você, qual foi o momento mais trágico de sua vida? Apesar de sofrermos com as tragédias, nós sabemos que no fundo existe algum aprendizado valioso nisso. No entanto será que está em nosso poder controlar as circunstâncias para não cairmos nessas situações?

Sófocles foi um escritor grego de tragédias que nasceu em 497 antes de Cristo. As tragédias eram peças teatrais dramáticas escritas para serem interpretadas por atores e que abordavam temas como os deuses, o destino ou a sociedade. Suas origens remontam das danças e cantos em honra ao deus Dioniso, que era a divindade dos ciclos vitais, das festas, do vinho e da insanidade. Aliás, é justamente a bebida alcoólica a responsável por grandes tragédias sociais. Para Aristóteles, assistir as tragédias gregas era uma forma de *catarse* para a audiência. Catarse significa a liberação de nossos males mediante uma ação que não nos causa prejuízos, como gritar quando estamos angustiados; escrever em um diário nossos pensamentos indigestos e conturbados; ou socar um saco de boxe quando estamos com raiva.

O escrito mais popular de Sófocles é a peça Édipo Rei, em que Édipo recebe a profecia do Oráculo de Delfos, de que iria matar seu pai e casar com a própria mãe. Na tentativa de evitar o desastre, ele justamente acaba cumprindo com a profecia. Desse enredo, podemos extrair o dilema filosófico entre o *Determinismo,* que diz que o homem está preso em uma cadeia de causa e efeito, e o *Livre Arbítrio,* que propõe a filosofia de que o ser humano é responsável absoluto por suas escolhas e por seu destino, apesar das interferências exteriores.

Dentre as 123 obras que teria escrito, apenas sete sobreviveram, e a segunda obra mais popular de Sófocles se chama *Antígona*, na qual relata a jornada dessa heroína que luta bravamente para garantir o funeral digno de um de seus irmãos, que foi morto em batalha contra o governo, para que não fosse deixado a esmo, exposto para que as aves e os cães o dilacerassem, sem o direito de ser sepultado. Com esse enredo, temos a questão da autoridade dos políticos e líderes sociais, e até que ponto a soberania deles deve ser acatada ou até mesmo respeitada. Esse debate traz à tona as ideias filosóficas de Thomas Hobbes, que afirma que a legitimidade do Estado não poderia ser jamais questionada, para não levar ao caos, em oposição à filosofia de John Locke, que afirma que o poder dos políticos parte do consentimento do povo e que pode ser questionado a qualquer momento. Com isso podemos verificar a complexidade, a beleza e a vulnerabilidade do contrato social e político de convivência e respeitos às leis.

Já para Sófocles, *"não existe calamidade maior do que a anarquia"*. O conceito de Anarquia na política refere-se a um país que não é controlado por nenhuma forma de governo, em que as pessoas controlam a si mesmas; o que não implica necessariamente ser uma sociedade violenta. Uma organização assim existe em Copenhagen, na Dinamarca, conhecida por *Christiania*.

Uma forma de compreender tudo o que estudamos hoje é pensar em nossa própria relação com nosso corpo e mente diante dos problemas do cotidiano. Nós somos facilmente abalados ou conseguimos manter o controle do que acontece com nossas emoções e pensamentos? As tragédias inevitáveis conseguem nos arrasar ou servem de base para uma vida mais consciente? Você descreveria a sua própria vida como *livre* para fazer suas próprias escolhas; *determinada,* por ser independente de sua vontade; ou *anárquica*, em virtude da desorganização e total descontrole? Uma forma de descobrir isso é tentar passar uma semana inteira sem se estressar e sem se entristecer. Talvez descobriremos que somos uma mistura de tudo, assim como a sociedade.

A lei da natureza nos obriga a dormir. Nossa única liberdade é pela qualidade do sono.

## 5.4 Schopenhauer

*"O homem pode fazer o que quiser, mas não pode escolher o que decide querer."*

Que horas você acordou hoje pela manhã? Como foi o seu processo de levantar? Você demorou alguns segundos depois que ouviu o despertador, enquanto apertava o botão de soneca, tentando lutar contra o inevitável; ou você pulou da cama com vontade de viver mesmo antes de o alarme soar? E como você se sentiu ao abrir os olhos? O que pensou naqueles primeiros minutos, e como se sentiu ao longo do seu dia? Todavia a pergunta mais profunda, e sobre a qual eu gostaria que você refletisse com muito cuidado antes de responder, é: *o que você quer para si neste exato ponto de sua existência?* Não responda a primeira vontade que vier em seu consciente, mas tente deixar a resposta surgir de seu recôndito mais profundo do querer.

O filósofo de hoje ajudar-nos-á a pensar de forma provocativa a respeito dessa inquietação. Arthur Schopenhauer nasceu em 1788, há mais de 200 anos, e viveu até os 72 anos, nunca se casou, e tinha uma relação de soturna desconfiança a respeito do amor entre casais apaixonados. Para ele, a única razão por detrás de todas as nossas ações e desejos era a vontade da força motora invisível da existência em perpetuar a vida por meio da reprodução. Não apenas a permanência da vida humana a partir do nascimento de novos bebês em uma infinita sucessão de gravidezes ao longo da história da humanidade, porém a própria permanência da vida em suas mais variadas formas, e inclusive a reprodução do Universo em si, que precisa permanecer pulsando.

Portanto, para o filósofo, os nossos desejos de possuir bens materiais e graduações universitárias nada mais são do que a nossa intenção secreta de impressionar possíveis candidatos ao coito, e posteriormente para ser a base de garantia da manutenção da vida que geramos e pela qual nos tornamos responsáveis. Ou seja, resumidamente: reprodução e sobrevivência.

De acordo com o pensamento filosófico do autor, o amor ou a paixão avassaladora que nós sentimos não passam de um momento de cegueira de nossa razão, quando a força da vontade universal de manter a vida assume o controle de nossas intenções e nos obriga a agir a fim de garantir a perpetuação de nossa geração. Lembre-se de não se sentir "especial" enquanto espécie por ser tão destituído de autoridade sobre si mesmo; toda a existência obedece a essa força, de acordo com Arthur.

O prazer imenso que sentimos no ato sexual nada mais seria do que uma maneira inteligente que a mãe natureza encontra para ludibriar nossos desejos e nos conduzir inevitavelmente para o impulso de procriar. O cônjuge que nós supostamente escolhemos e as crianças que aparentemente decidimos ter não foram mais do que a potência dos desígnios da existência guiando nossas ações. Segundo Schopenhauer, *"o homem pode fazer o que quiser, mas não pode escolher o que decide querer"*. Ou seja, nós até podemos expressar nossas intenções, mas não teríamos força para determinar (decidir) que desejos ter. Você até pode dizer que quer ter filhos, mas quem lhe incutiu a intenção de querer foi a influência da natureza. Isso acontece em diversos outros contextos também. É difícil perceber ou escapar desse "empurrão".

Entretanto, apesar de o argumento do filósofo ser consistente, isso não quer dizer que ele esteja certo. Às vezes a filosofia pode ir longe demais em sua autoridade de pensar a vida, quando na verdade seria apenas recomendado que se vivesse essa maravilhosa experiência existencial sem muito pensar ou questionar. Talvez a melhor forma de interpretar o prazer que sentimos quando somos tocados pela pessoa que despertou em nós o sentimento de amor e paixão, acompanhados daquela sensação engraçada de "borboletas no estômago", seja o de considerá-lo como um presente gratuito da natureza para que pudéssemos apreciar ainda mais a oportunidade temporária de experimentar essa coisa espetacular que chamamos vida.

Talvez esse desejo imparável que constatamos em nossa essência por ter filhos seja a existência presenteando-nos com o próprio poder que ela tem de gerar uma vida. Precisamos ter cuidado para não sermos ludibriados pelo pensamento depressivo de alguns filósofos, e nem pelos nossos próprios, quando no fundo a única coisa que precisamos fazer é aproveitar o momento enquanto podemos. Agora responda: _o que você quer neste exato momento de sua vida?_

Você não quer dormir; você precisa, pois é assim que o seu corpo funciona. A natureza comanda; nós obedecemos. Isso não é de todo mal. Dormir é bom. "Fazer filhos" também.

FILOSOFIA PARA DORMIR

# 5.5 John Locke

*"O ser humano nasce como se fosse uma folha em branco."*

No ano de 1920, duas meninas foram encontradas em uma selva na Índia, e elas tinham um comportamento bastante curioso. Elas receberam o nome de Amala, de 2 anos de idade, e Kamala, de 8, e ambas agiam como se fossem lobos. Elas uivavam para a lua, não falavam, andavam de quatro, e não sorriam. Depois de resgatadas, elas foram levadas para um orfanato, onde foi iniciado o processo de tentativa de socialização e reeducação. Entretanto isso não funcionou e Amala morreu um ano depois. Kamala ainda sobreviveu por mais alguns anos, mas também nunca conseguiu se acostumar com o comportamento civilizado. A pergunta que fica é se nós somos quem somos porque temos uma essência que nos permite conhecer a nós mesmos, que já vem conosco no nascimento, e que se revela independentemente do nosso meio; ou se somos apenas o resultado do ambiente onde vivemos e das influências que recebemos; ou ainda, uma junção das duas possibilidades? A história das duas meninas nunca ficou satisfatoriamente comprovada, no entanto.

Um filósofo que nos ajuda a pensar a respeito dessa incógnita é o inglês John Locke, que nasceu em 1632. Ele ficou conhecido por dizer que *"o ser humano nasce como se fosse uma folha em branco"*, ou uma __tábula rasa__, e que a partir das influências e educação externas, e também dos próprios pensamentos que cada ser humano é capaz de engendrar por si mesmo, é que aos poucos preencheríamos essas páginas em branco da constituição de nossa personalidade. Tal argumento contrapõe a teoria de outros filósofos como Platão, Kant e Descartes, que defendem o conceito de *inatismo*, em que a mente humana já viria com alguns pensamentos desde o nascimento. Esse tipo de conversa filosófica sempre me deixa profundamente intrigado, e talvez esse seja o tópico de maior curiosidade da minha busca filosófica, especialmente quando ouço que devemos conhecer a nós mesmos, como se houvesse alguém dentro de nós que precisasse de nossa atenção e tutela para que fosse propriamente compreendido. Entretanto, por outro lado, eu desconfio que esse "ser" de que tanto falamos a respeito seria menos alguém que precisasse ser descoberto, e mais alguém que necessite ser construído.

Locke também ficou notadamente conhecido por seus escritos sobre política. Nós temos a falsa impressão de que a organização social da qual nós hoje desfrutamos sempre esteve aí do jeito que é e falhamos em prestar crédito aos filósofos e políticos do passado que ajudaram a conceber e constituir o que hoje conhecemos por organização e contrato social. Sem o trabalho deles, provavelmente ainda hoje nós viveríamos como selvagens sem leis e sem o desenvolvimento tecnológico que a organização social permite fabricar. Para John Locke, a vida, a liberdade e a propriedade eram direitos divinos concedidos ao indivíduo pelo próprio Deus e era responsabilidade dos governantes administrar e garantir que essa prerrogativa fosse cumprida, e esse conceito ficou conhecido como ***constitucionalismo***. No entendimento de Locke, sempre que os governantes não fossem aptos a cumprir com esse dever, eles deveriam ser substituídos por decisão e ordem do povo, ao contrário do que acreditava o também inglês Thomas Hobbes, que defendia o ***absolutismo***.

Nosso exercício de pensamento para o dia será refletir sobre quem somos nós, ou melhor, quem você é. Tente imaginar em quem você teria se tornado caso tivesse nascido em um país completamente diferente, com uma cultura, sistema político, educação e religião totalmente distintas da sua. Ou ainda, se tivesse sido criado entre os lobos, como as meninas lobo indianas, Amala e Kamala; será que teria desenvolvido o entendimento de personalidade que você hoje tem de si mesmo? E por fim, quanto de quem você se tornou reflete de fato quem você decidiu ser, ou apenas quem foi programado para ser? Concomitante a tudo isso, podemos ainda indagar sobre a responsabilidade que possuímos em construir um alguém que nós intencionalmente acreditamos representar quem somos e queremos ser. Certamente questões de profunda reflexão. Medite sobre elas.

Um computador sai de fábrica sem nenhuma programação prévia? Tenha um sono dócil.

## 5.6 Hannah Arendt

*"Não existem pensamentos perigosos; pensar em si é que é perigoso."*

O que você me responderia se eu lhe perguntasse: quem é você? Provavelmente você me diria o seu nome, sua profissão, país de origem, ou quem sabe, alguns traços de personalidade, talvez ainda os seus gostos e preferências. Entretanto o seu nome não foi você mesmo quem escolheu, nem tampouco o lugar onde nasceu. O que dizer de sua forma de pensar, será que você escolhe conscientemente o que pensa todos os dias, ou é conduzido pelo seu meio e mídia o tempo todo? E sobre as suas preferências, elas partem de um desejo genuíno de sua vontade, ou também foram conduzidas por forças que você não controla? Pensar sobre essas questões incomoda um pouco, e é por isso que às vezes é melhor nem pensar e só deixar as coisas acontecerem para evitar a sensação de que a nossa identidade esteja se esvaindo por nossos dedos.

Foi por não pensar por conta própria, e por se deixar levar pela manipulação de regimes políticos, que muitas pessoas bem intencionadas se viram apoiando aberrações partidárias opressivas e criminosas. De acordo com a filósofa política alemã, Hannah Arendt, que precisou fugir da Alemanha Nazista para não ser enviada para um campo de extermínio por ser judia, algumas das pessoas que participaram daquele regime brutal e desumano não o fizeram por serem elas mesmas totalmente ruins, mas apenas por não estarem de fato pensando por si mesmas e nas consequências de seus atos.

Segundo Hannah, muitos dos oficiais de Hitler apenas estavam cumprindo ordens, acreditando que o que faziam era apenas o certo de acordo com o contexto social em que viviam. A essa forma de pensar ela cunhou a definição de **banalidade do mal**. Hannah pagou um preço muito alto por expressar suas interpretações de forma tão sincera, especialmente por ser judia, pois muitos judeus da época acreditavam que ela estava defendendo os algozes de Hitler e o regime Nazista. A verdade era que ela apenas não queria se deixar levar cegamente pela raiva que sentia contra aqueles que tanto mal causaram a ela e ao seu povo. Ela sentiu na pele os efeitos de sua própria frase: *"não existem pensamentos perigosos; pensar em si é que é perigoso"*.

A onda de preconceito contra os judeus que inundou a Alemanha em torno de 1933 (e em outros períodos) ficou conhecida como *antissemitismo*. Este termo significa ódio contra os judeus, ou povos semitas. O termo "Semita" vem do livro de Gênesis, na Bíblia, e foi o nome de um dos filhos de Noé, chamado Sem. Como povos expansionistas que eram, nos séculos antes de Cristo essas civilizações (e muitas outras, também) guerreavam contra outros povos na busca por territórios. Por ser uma comunidade relativamente bem sucedida ao longo dos anos, esse povo foi angariando inimigos, e esse sentimento estendeu-se por tanto tempo que revelou suas garras na Segunda Guerra Mundial (e ainda mostra alguns resquícios nos dias de hoje).

Conhecer esses detalhes nos faz perceber como as causas do mal possuem origens intrincadas na história. E isso vale para cada um de nós, também. O desafeto que nutrimos contra os outros frequentemente possui raízes profundas e imperceptíveis, mas nós mantemos suas árvores erguidas como se não houvesse razão para derrubá-las. É por isso que o ato de pensar em si é tão perigoso, pois isso pode nos fazer mudar a nossa forma de ver as coisas e, consequentemente, mudar nossa opinião. Ao fazermos isso, podemos ser obrigados a encarar a frequente irracionalidade de nossas convicções e ações. Indivíduos preconceituosos e violentos são apenas pessoas que não se permitem pensar um pouco melhor a respeito da injustificabilidade de suas atitudes. Pensar e expressar nossas ideias pode até ser perigoso, porém não pensar é muito mais.

O pensamento arrazoado não dá audiência. A polêmica vende jornais. Por mais que alguém fale com lucidez, os tabloides farão questão de não focar na razão e jogarão a atenção para os pontos de enfurecimento. Parte da culpa por isso é de todos nós. A grande maioria da população de qualquer país prefere falar daquilo que é desagradável, do que olhar para o que está satisfatório. Angela Merkel, Chanceler da Alemanha por quase 15 anos, apesar de cometer as falhas que qualquer ser humano comete, foi uma das melhores figuras políticas que o Mundo conheceu, mas ela receberá pouca audiência mundial por isso. Procure observar no seu cotidiano o quanto de suas conversas giram em torno de temas que a mídia local propõe à população e o quanto do que você verbaliza é de fato construtivo.

Observar a sua fala do dia ajudará a melhorar o seu sono. Pensamentos bons geram noites leves.

# 5.7 Raymond Smullyan

*"É impossível eliminar a necessidade de usar a inteligência, independente do quão astutamente nós tentemos."*

Você é bom de raciocínio lógico e matemático? Bem, você deveria ser, afinal de contas, você carrega dentro de si o computador mais poderoso que a humanidade já conheceu: o cérebro. Vejamos se você consegue resolver duas charadas. Na primeira, "um trem parte de Boston, com destino a Nova Iorque. Uma hora depois, um trem parte de Nova Iorque, com destino a Boston. Os dois trens estão indo na mesma velocidade. Qual dos dois estará mais perto de Boston quando eles se cruzarem pelo caminho?". A segunda é assim: "em uma corrida de Fórmula 1, você ultrapassa o segundo colocado. Em que posição você fica?". Será que você conseguiu acertar? Aqui vão as respostas. A solução para o primeiro raciocínio lógico é que os dois trens

FILOSOFIA PARA DORMIR

estão à mesma distância de Boston, pois os dois se encontram no mesmo ponto quando se cruzam. Enquanto que a resolução para a segunda incógnita é que você fica em segundo lugar, pois ultrapassou o segundo colocado, e não o primeiro.

Problemas lógicos e matemáticos como esses você encontra nos livros do americano Raymond Smullyan. Raymond foi um filósofo, matemático, mágico, lógico e pianista que escreveu livros lúdicos sobre matérias que às vezes podem ser enfadonhas, como a lógica e a matemática, de uma forma que crianças e adultos pudessem achar divertido. Em livros como *A Dama ou o Tigre, Alice no País dos Enigmas,* e *O Enigma de Sherazade,* você precisa ir solucionando questões de raciocínio para poder continuar a leitura e a compreensão, e à medida que avança, as perguntas vão ficando mais difíceis. Você até pode afirmar não gostar dessas matérias, mas o seu cérebro está constantemente resolvendo problemas matemáticos e lógicos extremamente complexos de distância e locomoção inconscientemente, inclusive enquanto você dorme. É como Smullyan diz: *"é impossível eliminar a necessidade de usar a inteligência, independente de quão astutamente nós tentemos".*

Outro autor preocupado em transformar a educação em algo prazeroso de se aprender foi o escritor brasileiro Malba Tahan, que escreveu o livro de curiosidades matemáticas e lógicas *O Homem que Calculava,* no qual o personagem fictício atravessa a cidade de Bagdá resolvendo dificuldades cotidianas dos moradores apenas com o uso da razão. Esse é, sem dúvidas, um dos livros mais lindos e incríveis da humanidade e pode ajudar pais e educadores a convencer as crianças de que aprender pode ser algo gostoso, divertido e muito útil.

A verdade é que sem a cognição racional, nós não poderíamos ter a filosofia. O pensamento filosófico constrói seus argumentos e teorias baseado em sistemas de construção racionalmente complexos e compreensíveis. Alguns desses pensamentos são óbvios, como calcular um mais um e obter o número dois, e outros um pouco mais difíceis de resolver, como a maneira justa de punir (ou não) alguém que rouba para sustentar a família. Você ficaria surpreso em descobrir o quanto a lógica matemática está intimamente presente no seu cotidiano sem que você sequer perceba. Um exemplo disso são os computadores e a internet. Hoje em dia grandes empresas como *Facebook, Google* e *YouTube,* utilizam-se de uma estrutura de linguagem lógica chamada algoritmo para analisar o perfil e as preferências dos usuários, a fim de extrair informações relevantes que possam usar para aumentar o poder delas em manipular a informação que oferecem e os benefícios financeiros que auferem.

É de conhecimento de todos que os computadores possuem uma capacidade de processamento de dados e cálculos muito superior ao cérebro humano e de que essas máquinas ameaçam "roubar" o espaço das pessoas nas empresas. Acontece que, na verdade, a maior habilidade humana não é calcular, e sim imaginar, inventar, contemplar, e sentir emoções. Isso as máquinas não podem fazer. Vivemos uma geração em que cada vez mais os humanos terão que se dedicar a fazer aquilo que nasceram para fazer: pensar. E certamente a filosofia e as artes serão aliadas amigáveis nesse processo de adaptação.

Aqui vai mais uma charada engraçada: Por que algumas pessoas colocam o despertador em baixo do travesseiro? Para acordar em cima da hora! Vá dormir, pois você não é um robô.

## 5.8 Lord Byron

*"A recordação da felicidade já não é felicidade; a recordação da dor ainda é dor."*

<u>22 de janeiro</u> de 1788, há exatos 200 anos antes de mim, nasce, em Londres, Lord Byron, um dos maiores poetas românticos que a humanidade conheceu. Suas palavras poderosas e sedutoras conquistavam o amor de mulheres e homens. Provou irrefreavelmente o vinho da paixão sem culpa, e como uma criança mimada que nunca se contenta com o que já tem, logo entediava-se e deixava sempre para trás corações partidos, para quem, certamente, a sua frase servia como uma peça de roupa íntima: *"a recordação da felicidade já não é felicidade; a recordação da dor ainda é dor"*. Não apenas viveu como um verdadeiro Don Juan, como também escreveu sua própria versão do famoso conto. Não deixou para a história apenas um legado literário de valor inestimável, crianças ilegítimas, inimigos, e muitas dívidas, mas também uma filha legítima, Ada Lovelace, reconhecida como a primeira programadora de algoritmos para computadores. Considerada, portanto, a mãe da ciência da computação.

<u>22 de janeiro</u> de 1797, nasce em Viena, na Áustria, aquela que viria a ser a verdadeira libertadora do Brasil colônia, Maria Leopoldina. Mulher da mais alta estirpe social e de uma educação invejável, era amante das ciências

botânicas e falava perfeitamente seis idiomas. Era extremamente influente no círculo social da época, tendo como amigo o poeta Alemão Goethe, e como cunhado, o não menos famoso, imperador Napoleão Bonaparte. Leopoldina ajudou a construir um Brasil que viria a ser conhecido como uma potência cultural e intelectual no século 19.

*22 de janeiro* de *1867*, o Mundo ganha a vida daquela que viria a ser uma condecorada médica e ativista social, Gisela Januszewska. Nascida na Áustria, de família judia, ajudou a escrever uma história de amor pela medicina e de trabalhos sociais. Foi médica voluntária na Primeira Guerra Mundial. Entretanto, durante a Segunda Guerra, por causa de sua origem judia, foi enviada para um campo de concentração Nazista e de lá nunca mais voltou. Todavia seu lindo trabalho de conquistas e de serviços pela humanidade jamais serão esquecidos.

*22 de janeiro* de *1922*; para aqueles que insistem em dizer que todo político não presta, nasce nessa data aquele que é exemplo de que política pode ser feita de maneira séria e honesta: Leonel Brizola. O fato de ter sido o único político na história do Brasil a governar dois estados diferentes, Rio Grande do Sul e Rio de Janeiro, mostra a popularidade dessa figura caricata. Sua maior preocupação sempre foi com a justiça e a educação, e mesmo sendo um exímio discursador, não ficou apenas nas promessas, tendo feito de fato muito por essas áreas.

*22 de janeiro* de *1990*, o universo do rap americano ganhou uma nova voz na carreira musical de Logic, nome artístico de Sir Robert Hall II. Filho de um meio social carregado de violência e drogas, o cantor usou todas essas influências para alertar uma legião de fãs do perigo dessas práticas. Seu lema é paz, amor e positividade. É conhecido como um artista que não tem medo de falar abertamente em defesa e auxílio daqueles que sofrem de depressão e ansiedade.

*22 de janeiro* de *1988*, eu nasci. Entretanto essa data não é para falar sobre mim, mas sobre você. Estudar história e filosofia não se trata de apenas conhecer a respeito dos fatos e da vida das outras pessoas; todavia, sobretudo, a respeito de quem nós somos e de como nos conectamos de alguma forma com o mundo do passado, do presente e do futuro. Você nasceu e agora está conectado a tudo.

Cada pessoa que nasce deixa uma marca registrada na existência, mas esse momento não é opcional. No entanto o nosso legado depende de nossas ações e palavras. O exercício filosófico de hoje é pensar em como você gostaria de ser lembrado por aqueles que vierem depois de você. Você até pode ser o escritor de sua própria existência, mas você não será o narrador dela. As pessoas irão falar daquilo que elas recordarão de você. As suas ações diárias determinarão a sua história. O que você gostaria que as pessoas falassem a seu respeito depois que partir? Sonhe com isso.

Que dia é hoje? Uau, você está vivo! E logo estará dormindo. Aproveite. Durma bem.

## 5.9 Camila Naud

*"Eu quero uma janela para olhar para fora."*

Ao longo de nossa jornada, temos estudado a respeito dos grandes e renomados pensadores de nossa história. Além disso, também tentamos identificar quem são os novos filósofos da atualidade, que não recebem esse título formalmente por estarem disfarçados de empresários, ou outras atividades profissionais, ou simplesmente porque gostamos de nos referir aos filósofos apenas como aqueles que os livros nos dizem que são, sem darmos ouvidos aos que nos educam hoje com a rapidez da era da tecnologia em que vivemos. Ao fazermos isso, incorremos no risco de não ver os eloquentes mestres que se escondem bem diante de nossos olhos, e que se disfarçam de amigos e colegas de trabalho, sem pretensão nenhuma de receber o título de intelectuais, mas cuja sabedoria e ações seriam capazes de deixar boquiaberto um Sócrates ou Albert Einstein. Somos passíveis de cometer esse erro crasso especialmente porque vivemos em uma era acostumada a valorizar apenas as celebridades que aparecem sob a luz dos holofotes da fama, quando, na verdade, inumeráveis artistas geniais brilham infinitamente mais com uma luminosidade que irradia de si mesmos.

Enquanto escrevo, tenho diante de mim a imagem pendurada na parede do desenho feito à mão do Pequeno Príncipe, em cor de grafite sob um papel desbotado. É uma das obras mais lindas que eu já vi, e ela foi feita especialmente para mim. A artista foi cuidadosa em esconder nove estrelas no céu do meu desenho, pois ela sabe que eu tenho uma relação especial com o número nove. Além de desenhista, ela também é designer, bailarina, estilista, lutadora de Muay Thai; e aquariana. Tudo isso dentro da autenticidade e charme das curvas de um frasco de perfume francês.

FILOSOFIA PARA DORMIR

O nome dela bem que poderia ser marca de fragrância francesa, Camila Naud. Se eu tivesse que acentuar a essência mais marcante do aroma da personalidade dela, eu diria que é a coragem. Aliás, se você quer identificar um artista de verdade, a característica mais evidente dele há de tender para esse adjetivo. Esse é um elemento fundamental naqueles que se esmeram por apurar a própria identidade.

O estúdio de trabalho de todos os artistas têm janelas que dão para alguma paisagem. Quando eu conheci a Camila, nós trabalhávamos em uma empresa onde as salas não tinham janelas. Ninguém nunca tinha percebido isso. Por isso as palavras dela perfumaram intensamente o meu coração: *"eu quero uma janela para olhar para fora"*. E como todo bom artista e filósofo, ela foi em busca do sonho de encontrar uma janela para o mundo, que ela conseguia ver em sua imaginação.

O estudo da filosofia é como uma janela que mostra um imaginário fora de nós, com uma paisagem nova a cada livro ou a cada nova teoria. Todo filósofo que conhecemos escancara uma janela ou porta para um novo universo. É o mesmo que os pintores e os poetas fazem. Cada ser humano que é envolvido pelo frasco de rótulos como: empresário; amigo; amante; ou lixeiro (que pula do caminhão e cumpre com a sua missão de deixar nossos dias mais bonitos); tem em seu âmago a essência do filósofo que abre janelas de possibilidades.

Os loquazes filósofos e os exímios artistas estão aqui, diante de nós, todos os dias. Quem não souber apreciar o singelo poeta disfarçado de colega de trabalho, nunca será capaz de decifrar o sorriso da *Mona Lisa*, no Museu do Louvre; pois toda celebridade artística e intelectual é, acima de tudo, apenas um simples e grandioso ser humano, assim como eu, você, e a encantadora Camila.

Nosso exercício filosófico para hoje e amanhã será pensar em quem é a pessoa que tem um valor inestimável para nós em nosso dia a dia, e que colore mesmo as nossas rotinas mais previsíveis. Ao identificar tal artista da vida, você deverá comprar ou fazer um presente especial para ele ou ela. Todo filósofo presenteia-nos com pensamentos que mudam a nossa vida sem pedir nada em troca. Faça o mesmo por quem faz bem a você. Não precisamos de data especial para presentear quem amamos.

Algumas janelas abrem para dentro. O sonho é uma delas.

## 5.10 Emanuel

*"Deus Conosco."*

Imagine que você fosse amigo de alguém muito famoso, como o Elvis Presley ou a Madonna. Entretanto, nesse exercício de fantasia, quero que você pense como se fosse amigo dessa pessoa muito tempo antes da fama. Será que você seria capaz de reconhecer que esse alguém especial, com quem divide os momentos do cotidiano, seria um dia uma estrela internacionalmente popular? Eu faço esse questionamento para que você compreenda que é assim que eu me sinto com relação a alguns de meus amigos. Para mim, alguns deles são pessoas muito famosas, só que antes do estrelato.

Eu não escolhi o nome Emanuel por ser o de algum filósofo ou por ser um artista mundialmente admirado, mas sim porque é um nome comum em todas as línguas e países, e porque provavelmente cada um de nós conhece alguém que se chama assim. Eu também escolhi chamar este capítulo de Emanuel por causa da tradução da palavra, que quer dizer *"Deus conosco"*. Eu não digo isso por ser uma pessoa religiosa, porém eu gosto de imaginar como seria se Deus se disfarçasse de ser humano e vivesse uma existência como um de nossos melhores amigos. Será que seríamos capazes de reconhecer Deus nessa pessoa?

Sempre que eu sou apresentado a algum Emanuel ou a alguma Manuela, lembro-me do significado por trás da nomenclatura, e não posso deixar de me arrepiar. Pode ser apenas coincidência, só que todo e toda "Manu" que eu conheço, são pessoas encantadoras e belas. Provavelmente isso é apenas uma artimanha da minha mente, tentando validar a minha teoria, fazendo--me ser mais recíproco e atencioso e, consequentemente, fazendo-me sentir mais prazer na companhia de pessoas que assim se chamam.

Não obstante essas divagações, o fato é que depois de algum tempo estudando os filósofos e a biografia de grandes nomes da história, comecei a me dar conta de que mesmo eles um dia foram apenas indivíduos que em algum momento viviam apenas no anonimato. Então, logo eu me peguei a questionar se os amigos que haviam convivido com eles tinham sido capazes de imaginar que estavam na presença de seres tão especiais, e que um dia seriam imortalizados em seus nomes em virtude do grande sucesso que alcançariam através de suas obras. Ao pensar assim, procuro fazer o exercício de olhar ao meu entorno e procurar nos meus conhecidos próximos pessoas que poderiam um dia alcançar o estrelato.

A razão para eu agir assim não é pelo interesse em tirar vantagem do possível futuro sucesso deles. Mesmo alguém como Elvis Presley ou Sócrates, que foram estrelas radiantes ao ponto de conseguir imortalizar seus nomes nos anais da história, não foram capazes de usar o seu poder para impedir a própria morte. E logo a minha busca por tentar encontrar no rosto daqueles que eu amo possíveis astros do cinema prestes a desabrochar para a fama, transforma-se em uma tentativa de conseguir reconhecer naqueles que eu amo o valor que mesmo que a mídia não reconheça neles, eu seja capaz de ver.

A morte é o momento do qual nós temos certeza e consciência de que virá para todos, só que o dia que ela visitará a existência de cada um é um mistério, assim como tentar identificar quando a fama presenteará as pessoas que lutam por conquistá-la. Apesar de sabermos que um dia a fama ou a morte chegarão, nós não podemos prever exatamente quando.

O exercício que eu lhe convido a viver é o de pensar em alguém que você ama e que mesmo não sendo uma estrela famosa no Mundo, tem valor sentimental extremamente significativo para você. Um dia essa pessoa não estará mais aqui e talvez apenas com a morte inesperada você se dará conta de que estava na presença de alguém iluminado. Idolatre alguém que você ama como um grande fã admira o seu ídolo.

Durma feliz como uma estrela do cinema.

# 5.11 Stephen Pressfield

*"Nós temos medo de sermos bem sucedidos."*

Eu era professor de inglês, e toda vez que eu solicitava, falando no idioma, para que os meus alunos abrissem os livros em alguma página qualquer, na minha cabeça soava alguma voz que repetia: *number nine, number nine, number nine* (número nove). Muito tempo depois, fui descobrir que aquele sussurro vinha de uma música dos Beatles chamada *Revolution 9,* que até onde podia recordar, eu nunca tinha ouvido na minha vida. Mas como eu conseguia escutar o trecho de uma música em minha mente sem nunca tê-la ouvido de fato até então?

Provavelmente eu já tinha escutado sem perceber em algum momento e aquelas palavras tinham colado em minha memória inconsciente. A partir de então o número nove viria a ser o meu número místico e eu passaria a procurá-lo em todos os lugares onde olhasse e também a colocá-lo em diversos trabalhos. Não que eu acredite de fato que existe algo de realmente especial a respeito dele, porém penso que isso deixa as coisas um pouco mais divertidas. E divertido foi quando eu lia o livro *A Guerra da Arte*, de Steven Pressfield (não confundir com *A Arte da Guerra*, de Sun Tzu), e o "ouvi" falar das nove musas da inspiração da criatividade.

De acordo com Pressfield, as musas são as responsáveis por iluminarem os artistas com as ideias que eles traduzem e revelam por meio de seus trabalhos. Segundo ele, não são nem o nosso corpo intelectual nem a nossa vontade estritamente falando quem criam, e sim essa inspiração, que pode ser considerada como algo divino. Todo escritor compreende com mais facilidade essa proposição, pois sabe que as suas ideias surgem de algum lugar desconhecido, do qual não temos poder para controlar intencionalmente.

Entretanto antes que qualquer artista possa reclamar da falta de iluminação, Steven adverte que a criatividade para escrever ou criar qualquer coisa sempre visita aquele que se propõe a trabalhar como um profissional, e que se dedica todos os dias por sua artisticidade, com hora para começar e encerrar o "expediente", assim como qualquer outro trabalhador. Eu sei porque comigo é assim: toda vez que me sento para escrever, as musas da fecundidade criativa me visitam, e depois de algum tempo de esforço e tentativas, eu já sou capaz de escrever por horas a fio. Todavia como é que alguém decide abandonar o trabalho convencional e se torna um escritor, artista, filósofo ou empreendedor?

Eu não sei como essa decisão acontece para os outros, mas, para mim, foi assim: em 2010 eu estava em uma palestra com o professor de futurismo Tiago Mattos, e com o escritor Fabrício Carpinejar. A palestra foi excelente e cada um terminou com uma rápida mensagem. O Tiago encerrou com o seu famoso bordão que também virou título de seu livro: "vai lá e faz". O Fabrício, por sua vez, com sua costumeira capacidade de raciocinar rapidamente e com eloquência, finalizou aproveitando o embalo e a lógica do colega e disse: "vai lá e escreve". A voz da intuição nunca soou tão audível em minha consciência. A partir de então eu decidi me tornar um escritor. As frases que eles pronunciaram têm um pouco do slogan da Nike, que instiga, ao comandar com a curta frase: "*Just do it*" (simplesmente faça).

Contudo eu poderia não ter começado a minha jornada artística, não pela razão que a maioria das pessoas admite, que é o medo de fracassar, mas sim porque, de acordo com Steven Pressfield, *"nós temos medo de sermos bem sucedidos"*. Poucas vezes um insight foi tão certeiro. Não é só o pânico de falhar que bloqueia muitos sonhadores. Diversos entusiastas tremem só de pensar em alcançar seus maiores sonhos e objetivos, pois isso os forçaria a dar mais de si e a enfrentar grandes desafios.

Alguns dizem que não têm sonhos, mas isso não é verdade. Todos nós temos algum objetivo particular; alguns apenas abafam o chamado que ouvem. É imperativo estar ciente de que o propósito não vai acontecer enquanto não sentarmos a bunda na cadeira e trabalharmos arduamente para realizá-lo. O artista ou empresário que vai em busca do que quer trabalha muitas horas a mais do que o trabalhador convencional, só que, no entanto, sua satisfação é infinitamente maior. E você, qual é o seu desejo? Só há um jeito de realizá-lo: dando o primeiro passo. Vai lá e começa! Ignore as desculpas e apenas inicie.

Só que agora, vai lá e dorme.

## 5.12 Robin Sharma

*"As coisas que agendamos são as coisas que fazemos."*

Hoje em dia o Mundo está cheio de palestrantes motivacionais fazendo basicamente a mesma coisa: enchendo os participantes de entusiasmo, enquanto todos permanecem estagnados, sem saber exatamente por onde começar. Muitos desses palestrantes constroem os seus patrimônios dizendo às outras pessoas o que fazer para alcançar o sucesso. Seria maldade gratuita condenar esse tipo de atividade quando a mensagem primordial que eles transmitem é positiva, e só por isso merecem todo o respeito, especialmente em um momento repleto de negatividade e violência. O único perigo de algumas palestras motivacionais é o de inflar a motivação e a conformidade com a situação em que tantas pessoas se encontram, sem indicar caminhos práticos para sair da inércia.

Um exemplo que ilustra essa problemática é o caso de uma amiga de 40 anos que vive reclamando que não tem uma graduação, não fala um segundo idioma, não tem carteira de motorista, e que já trabalha há 10 anos na mesma empresa. Ela sabe que precisa fazer algo para mudar, pois está parada no tempo; porém nunca teve a atitude de começar. Entretanto ela recentemente participou de uma dessas excelentes palestras motivacionais de imersão de final de semana que custam uma fortuna. Na semana seguinte, ela disse que o evento havia mudado radicalmente a sua vida para melhor. Na verdade, tudo permaneceu igual. Ela não pretende estudar, nem aprender um segundo idioma, nem pensa em tirar a carteira de motorista, e muito menos trocar de emprego. Antes ela sentia angústia por estar estagnada profissionalmente; agora ela vive leve e despreocupada, apesar de seguir na mesma condição.

Robin Sharma teria tudo para ser apenas mais um palestrante motivacional, que acumula riqueza vendendo sonhos vazios e objetivos sem planejamento. Contudo ele é diferente. O que ele tem a dizer é prático e significativo. O conteúdo dele é original e baseado principalmente na experiência. Ele é também escritor de grandes livros; o meu favorito *O Santo, o Surfista e a Executiva,* eu já li pelo menos umas quatro vezes. Eu costumo dizer que sempre depois de relê-lo acabo cometendo alguma loucura positivamente estúpida, isso porque o autor consegue nos motivar para a ação, sem receio das consequências. O resultado às vezes é catastrófico, mas sempre acompanhado de algum aprendizado.

É nesse livro que ele apresenta dois exercícios para provocar nossos paradigmas. Um deles, o de pagar o pedágio para o motorista que vier atrás de nós, mesmo sem saber quem ele é. O objetivo dessa ação é praticar a bondade inesperada e quase absurda, pois ninguém imagina chegar ao pedágio e descobrir que o seu valor já foi quitado. A outra recomendação é escrever uma carta de agradecimento e cumprimento por algum serviço acima da média que você recebeu em algum restaurante, loja ou qualquer outro estabelecimento, pois geralmente temos o hábito de reclamar quando somos mal atendido, mas poucos sabem elogiar quando o serviço supera nossas expectativas. Essas ações podem não mudar a nossa vida, mas certamente são um pontapé inicial para mudar quem a gente é.

De todos, o conceito mais útil que aprendi com o Robin foi o de que *"as coisas que agendamos são as coisas que fazemos".* Quando não estabelecemos um dia e uma hora para realizar alguma programação, a tendência é nunca fazermos. Eu tive um aluno que sabia que precisava urgentemente voltar a estudar e sempre prometia que ia ler o livro do Robin como ponto de início para a sua melhoria, pois sentia-se inspirado pelos meus comentários. No entanto ele nunca dizia quando iria começar a ler, e até hoje (anos depois), ele ainda não leu nem um livro sequer. Por que será que tantas pessoas são vítimas da falta de força de vontade e da inércia?

Esse tem sido um tópico recorrente em nosso estudo e temos tentado ao máximo fazer da filosofia mais do que apenas uma ferramenta teórica, mas sim, acima de tudo, prática. O nosso exercício filosófico para amanhã será fazer alguma coisa que reconhecemos como relevante para o nosso próprio desenvolvimento, porém que temos protelado por diversos motivos. As justificativas que surgem para não agir são diversas. Você precisa encontrar uma solução em meio às impossibilidades. Mesmo um pequeno passo já vale muito para quem está parado. Quando agimos, colocamos em movimento um universo desconhecido.

Aja! Porém antes, durma.

## 5.13 Lúcia Helena Galvão

*"Onde há uma vontade há um caminho."*

Eu sempre brinco dizendo que eu sou o indivíduo mais sortudo do Mundo, e logo descubro que não é comum alguém dizer isso, pois vejo o olhar de espanto misturado com curiosidade na cara das pessoas. Imediatamente após eu proferir essa pilhéria, é comum as pessoas esfregarem a mão no meu braço e dizerem: "então passa um pouco dessa sorte toda para mim".

A verdade é que todos têm um pouco dessa benção, apesar de não se darem conta disso. Provavelmente a primeira coisa que passa pela cabeça de quem escuta isso é que eu esteja me referindo a ganhar dinheiro ou vencer nos jogos de loteria, quando, na verdade, o que quero dizer é que percebo que, assim como qualquer um, eu nasci com a possibilidade de fazer a minha própria sorte acontecer, e um dos pontos que abre a porta para essa possibilidade é a força de vontade.

O meu pai tem o hábito de dizer que tendo saúde, a gente consegue o resto, mas eu diria que mesmo não tendo saúde, porém tendo força de vontade, é possível conseguir qualquer coisa, até mesmo saúde, dinheiro, amor, e o que quer que alguém possa almejar. Isso parece óbvio para mim, pois "eu sou o cara mais sortudo do Mundo", no entanto parece não ser para muitos outros "azarados".

Enquanto uns dizem que vão começar uma dieta e desistem no meio do caminho, eu não só digo que vou iniciar, mantenho-me firme no propósito, e ainda me dedico cada vez mais ao longo do caminho, e para certas decisões que tomei, sei que vou ficar firme até o último dia de minha vida. Quando decido que quero alguma coisa, eu simplesmente começo, e muito do prazer que sinto não vem apenas ao final, com a conquista, e sim em todo o processo de realizar. Esse é o poder da força de vontade.

A explicação da filósofa Lúcia Helena Galvão, no *YouTube*, para esse conceito é muito melhor e mais aprofundada do que a minha. Ela diz, por exemplo, que força de vontade não é um esforço de quem faz com sofrimento, e sim de quem faz com determinação. Complementa ainda explicando que não basta esforço, mas que é necessário também consciência do que fazemos e do por que fazemos. O exemplo que ela dá para ilustrar esse argumento é o do alpinista que escala uma alta montanha. Em primeiro lugar, ele tem uma convicção muito forte dentro dele para empreender tal jornada, pois quer se desafiar, esse é o seu "por que"; e depois ele precisa saber muito bem o que está fazendo, esse é seu "como". Então, quando ele joga a sua corda para cima, com o fito de fixá-la no alto, a fim de se puxar para o seu alvo, porque ele quer chegar ao topo e superar os seus limites, ele tem a força de vontade que o move para a ação, ao mesmo tempo que tem consciência e instrução suficiente do que está fazendo. Esse alpinista sabe quando a corda está bem firme e também é capaz de avaliar onde firmar o seu pé a cada passo da subida e que pedras trazem segurança ou perigo.

Entretanto todos sabemos que quando empreendemos algo grandioso e arriscado, surgem sentimentos como o desânimo, a dúvida, o medo, e o desejo de parar. A força de vontade supera e não dá ouvidos a esses nevoeiros perniciosos, e continua a escalada para o topo, mesmo com todas as contrariedades. Se o objetivo é subir, então é pra lá que devemos ir, nem que para isso precisemos vencer a nós mesmos. Vale a pena conferir no *YouTube* a aula dessa querida professora da escola de filosofia *Nova Acrópole* sobre esse tema e tantos outros, pois o que ela tem a dizer pode mudar as nossas vidas e fazer de nós as pessoas mais sortudas do Mundo. Afinal de contas, ela diz que *"onde há uma vontade há um caminho"*.

Quando nós queremos alcançar o cume de qualquer elevação em nossa vida, muitas vezes não é possível ver o ponto mais alto e não sabemos o que fazer para chegar lá. A melhor alternativa é dando o gigantesco primeiro pequeno passo. Sem ele, nós nunca chegaremos, e ninguém pode fazer isso